海上絲綢之路基本文獻叢書

瀛寰譯音異名記（四）

〔清〕杜宗預 編

文物出版社

圖書在版編目（CIP）數據

瀛寰譯音異名記．四／（清）杜宗預編．-- 北京：文物出版社，2022.7
（海上絲綢之路基本文獻叢書）
ISBN 978-7-5010-7706-9

Ⅰ．①瀛… Ⅱ．①杜… Ⅲ．①歷史地名－世界－古代 Ⅳ．① K916

中國版本圖書館 CIP 數據核字（2022）第 097145 號

海上絲綢之路基本文獻叢書

瀛寰譯音異名記（四）

編　　者：〔清〕杜宗預
策　　劃：盛世博閱（北京）文化有限責任公司

封面設計：鞏榮彪
責任編輯：劉永海
責任印製：蘇　林

出版發行：文物出版社
社　　址：北京市東城區東直門内北小街 2 號樓
郵　　編：100007
網　　址：http://www.wenwu.com
經　　銷：新華書店
印　　刷：北京旺都印務有限公司
開　　本：787mm×1092mm　1/16
印　　張：12.875
版　　次：2022 年 7 月第 1 版
印　　次：2022 年 7 月第 1 次印刷
書　　號：ISBN 978-7-5010-7706-9
定　　價：90.00 圓

總緒

海上絲綢之路，一般意義上是指從秦漢至鴉片戰爭前中國與世界進行政治、經濟、文化交流的海上通道，主要分爲經由黄海、東海的海路最終抵達日本列島及朝鮮半島的東海航綫和以徐聞、合浦、廣州、泉州爲起點通往東南亞及印度洋地區的南海航綫。

在中國古代文獻中，最早、最詳細記載『海上絲綢之路』航綫的是東漢班固的《漢書・地理志》，詳細記載了西漢黄門譯長率領應募者入海『齎黄金雜繒而往』之事，書中所出現的地理記載與東南亞地區相關，并與實際的地理狀況基本相符。

東漢後，中國進入魏晉南北朝長達三百多年的分裂割據時期，絲路上的交往也走向低谷。這一時期的絲路交往，以法顯的西行最爲著名。法顯作爲從陸路西行到印度，再由海路回國的第一人，根據親身經歷所寫的《佛國記》（又稱《法顯傳》）一書，詳細介紹了古代中亞和印度、巴基斯坦、斯里蘭卡等地的歷史及風土人情，是瞭解和研究海陸絲綢之路的珍貴歷史資料。

隨着隋唐的統一，中國經濟重心的南移，中國與西方交通以海路爲主，海上絲綢之路進入大發展時期。廣州成爲唐朝最大的海外貿易中心，朝廷設立市舶司，專門管理海外貿易。唐代著名的地理學家賈耽（七三〇～八〇五年）的《皇華四達記》記載了從廣州通往阿拉伯地區的海上交通『廣州通夷道』，詳述了從廣州港出發，經越南、馬來半島、蘇門答臘半島至印度、錫蘭，直至波斯灣沿岸各國的航綫及沿途地區的方位、名稱、島礁、山川、民俗等。譯經大師義净西行求法，將沿途見聞寫成著作《大唐西域求法高僧傳》，詳細記載了海上絲綢之路的發展變化，是我們瞭解絲綢之路不可多得的第一手資料。

宋代的造船技術和航海技術顯著提高，指南針廣泛應用於航海，中國商船的遠航能力大大提升。北宋徐兢的《宣和奉使高麗圖經》詳細記述了船舶製造、海洋地理和往來航綫，是研究宋代海外交通史、中朝友好關係史、中朝經濟文化交流史的重要文獻。南宋趙汝適《諸蕃志》記載，南海有五十三個國家和地區與南宋通商貿易，形成了通往日本、高麗、東南亞、印度、波斯、阿拉伯等地的『海上絲綢之路』。宋代爲了加强商貿往來，於北宋神宗元豐三年（一〇八〇年）頒佈了中國歷史上第一部海洋貿易管理條例《廣州市舶條法》，并稱爲宋代貿易管理的制度範本。

元朝在經濟上採用重商主義政策，鼓勵海外貿易，中國與歐洲的聯繫與交往非常頻繁，其中馬可・波羅、伊本・白圖泰等歐洲旅行家來到中國，留下了大量的旅行記，記録元代海上絲綢之路的盛况。元代的汪大淵兩次出海，撰寫出《島夷志略》一書，記録了二百多個國名和地名，其中不少首次見於中國著録，涉及的地理範圍東至菲律賓群島，西至非洲。這些都反映了元朝時中西經濟文化交流的豐富内容。

明、清政府先後多次實施海禁政策，海上絲綢之路的貿易逐漸衰落。但是從明永樂三年至明宣德八年的二十八年裏，鄭和率船隊七下西洋，先後到達的國家多達三十多個，在進行經貿交流的同時，也極大地促進了中外文化的交流，這些都詳見於《西洋蕃國志》《星槎勝覽》《瀛涯勝覽》等典籍中。

關於海上絲綢之路的文獻記述，除上述官員、學者、求法或傳教高僧以及旅行者的著作外，自《漢書》之後，歷代正史大都列有《地理志》《四夷傳》《西域傳》《外國傳》《蠻夷傳》《屬國傳》等篇章，加上唐宋以來衆多的典制類文獻、地方史志文獻，集中反映了歷代王朝對於周邊部族、政權以及西方世界的認識，都是關於海上絲綢之路的原始史料性文獻。

海上絲綢之路概念的形成，經歷了一個演變的過程。十九世紀七十年代德國地理學家費迪南・馮・李希霍芬（Ferdinad Von Richthofen，一八三三～一九〇五），在其《中國：親身旅行和研究成果》第三卷中首次把輸出中國絲綢的東西陸路稱爲『絲綢之路』。有『歐洲漢學泰斗』之稱的法國漢學家沙畹（Édouard Chavannes，一八六五～一九一八），在其一九〇三年著作的《西突厥史料》中提出『絲路有海陸兩道』，蘊涵了海上絲綢之路最初提法。迄今發現最早正式提出『海上絲綢之路』一詞的是日本考古學家三杉隆敏，他在一九六七年出版《中國瓷器之旅：探索海上的絲綢之路》中首次使用『海上絲綢之路』一詞；一九七九年三杉隆敏又出版了《海上絲綢之路》一書，其立意和出發點局限在東西方之間的陶瓷貿易與交流史。

二十世紀八十年代以來，在海外交通史研究中，『海上絲綢之路』一詞逐漸成爲中外學術界廣泛接受的概念。根據姚楠等人研究，饒宗頤先生是華人中最早提出『海上絲綢之路』的人，他的《海道之絲路與昆侖舶》正式提出『海上絲路』的稱謂。選堂先生評價海上絲綢之路是外交、貿易和文化交流作用的通道。此後，大陸學者馮蔚然在一九七八年編寫的《航運史話》中，使用『海上絲綢之路』一詞，這是迄今學界查到的中國大陸最早使用『海上絲綢之路』的人，更多地限於航海活動領域的考察。一九八〇年北京大學陳炎教授提出『海上絲綢之路』研究，并於一九八一年發表《略論海上絲綢之路》一文。他對海上絲綢之路的理解超越以往，且帶有濃厚的愛國主義思想。陳炎教授之後，從事研究海上絲綢之路的學者越來越多，尤其沿海港口城市向聯合國申請海上絲綢之路非物質文化遺産活動，將海上絲綢之路研究推向新高潮。另外，國家把建設『絲綢之路經濟帶』和『二十一世紀海上絲綢之路』作爲對外發展方針，將這一學術課題提升爲國家願景的高度，使海上絲綢之路形成超越學術進入政經層面的熱潮。

與海上絲綢之路學的萬千氣象相對應，海上絲綢之路文獻的整理工作仍顯滯後，遠遠跟不上突飛猛進的研究進展。二〇一八年厦門大學、中山大學等單位聯合發起『海上絲綢之路文獻集成』專案，尚在醖釀當中。我們不揣淺陋，深入調查，廣泛搜集，將有關海上絲綢之路的原始史料文獻和研究文獻，分爲風俗物産、雜史筆記、海防海事、典章檔案等六個類别，彙編成《海上絲綢之路歷史文化叢書》，於二〇二〇年影印出版。此輯面市以來，深受各大圖書館及相關研究者好評。爲讓更多的讀者親近古籍文獻，我們遴選出前編中的菁華，彙編成《海上絲綢之路基本文獻叢書》，以單行本影印出版，以饗讀者，以期爲讀者展現出一幅幅中外經濟文化交流的精美畫卷，爲海上絲綢之路的研究提供歷史借鑒，爲『二十一世紀海上絲綢之路』倡議構想的實踐做好歷史的詮釋和注脚，從而達到『以史爲鑒』『古爲今用』的目的。

凡例

一、本編注重史料的珍稀性，從《海上絲綢之路歷史文化叢書》中遴選出菁華，擬出版百册單行本。

二、本編所選之文獻，其編纂的年代下限至一九四九年。

三、本編排序無嚴格定式，所選之文獻篇幅以二百餘頁爲宜，以便讀者閱讀使用。

四、本編所選文獻，每種前皆注明版本、著者。

五、本編文獻皆爲影印，原始文本掃描之後經過修復處理，仍存原式，少數文獻由於原始底本欠佳，略有模糊之處，不影響閱讀使用。

六、本編原始底本非一時一地之出版物，原書裝幀、開本多有不同，本書彙編之後，統一爲十六開右翻本。

目録

瀛寰譯音異名記（四）

瀛寰譯音異名記（四）

卷九至卷十二

〔清〕杜宗預　編

清光緒三十年鄂城刻本

瀛寰譯音異名記卷九

山水海地　附土角　歐州

松滋杜宗預編

希臘西土耳其山水海地所在

巴爾干山

萬國地志作伯根學會圖作幾比尒格悉斯田德斯巴耳罕．俄史作罷埒堪圓球圖作保耳肯世界地誌作巴爾堪地理問答作巴勒干外國地理稱伯路更山脈為補加里與羅美里界劃．泰西新史作巴勒嶔稱俄伐土．過此山踰雪鑾卡嶺乃阿耳餽土東南支麓當補加里阿南塞維亞東．迤東行至黑海而盡為君士旦丁北屏西土得巴爾幹半島之名因是山也

干大維山

此山與巴爾干縱橫交錯．蔚為奧區首峰名奧靈伯學會圖作艾吉尒郭靈克舊稱達瀛山南為希

臘族山北爲斯拉夫族

戴那利克亞爾普斯山

學會圖有塞納溫及亞馬貝斯等名巴爾干在西土東北此山在西南

平多斯山

萬國地志作品特斯稱其蔓延於阿尒排尼亞地方正值希臘北部縱橫連亙勢極嶮峻但通一夫郎全志賓德斯

多惱河

泰西新史作丹牛波俄史又作丹勒拔云土將曾駐此禦俄漢文圖作雜淖伯世界地學作塔羅外國地理作特料布亦作打尿布萬國與亡史作古柳步亦作達紐布自奧流入東經賽維阿補抹里阿北羅馬尼阿國南復經其東北計合二水入黑海亦設險處二水一曰塞勒斯一郎普魯斯自

北來

麻力薩河

學會圖作馬里乍江似即泰西新史亞喇瑪云英梭土渡此河望見俄師屯山上西北一水更遠東一水上源出巴爾堪山東南流名通雜河南流經亞得安界折而西南合厄尒克內河又南偏西入於馬摩拉海峽此河在東尚有特斯魯馬河全志作德斯魯瑪在中瓦苓河全志作法耳達在西均南流通於愛琴海爲三大水

薩拉瓦河

全志作摩拉法在塞維亞界北流入多惱河即萬國圖伊巴河下流

希臘海

學會圖作愛琴萬國圖作伊直安地理問答作希利尼歐州圖攷作亞尒居伯世界地學作多島海

在希東土南小亞細亞士每拿西東北由他大尼里峽一道通黑海南出海口有刊地阿島橫塞口門門外即地中海

愛屋尼安海

世界地誌作阿奥尼安學會圖作伊奥尼亞西洋史要稱有英領哀哇尼亞島即五大州志愛要年歐州圖攷要尼謁萬國歷史亞伊格恩云土版圖曾抵此西界意北通亞得亞海南連地中海

意計拿灣

學會圖作挨吉納島名同全志作衣其安在希臘東為希臘海曲入處雅典首部臨此灣故都城雅典又有亞地拿之稱外國地理譬離烏士旦港又此灣曲入處萬國史綱目稱卑勒烏士造船港學會圖稱比里猶斯為大埔頭五大州志稱秘類亞斯為雅典門戶

科林士灣

即赫林士學會圖又作勒班多世界地誌作可林士。在希臘西。水由巴辣斯灣貫入。即愛屋尼安海曲入處。科非等島。在灣北。又有拿伐麗奴海灣其法羅尼阿島。在灣外。泰西新史稱希臘西海。爲英土船戰處。

塞羅尼加灣

五大州志作沙羅尼加。灣頭同名城。近開爲外國通商口岸。

黑海

在西土東互見。

瑪爾摩拉海

歐州圖考作馬海。在黑海希臘海間。萬國圖作馬麻剌。漢文圖作麻摩拉。世界地學作馬爾謨列地誌作麥爾穆。又作麥爾母拉。君士旦丁考作馬爾馬拉。值西土東。與亞州近接。島名同。

君士但丁峽

萬國圖作孔士旦丁。地理問答作根斯但丁。漢文圖作康斯但剔。在西土東。城據黑勒斯奔海夾東北口。以扼地中海黑海咽喉。學會圖又作伊斯坦波尒。

伯斯非力士海峽

西征紀程作暴斯勿勒斯。學會圖作博斯破魯斯。漢文圖作保斯佛婁斯。萬國地志作簿斯拂羅。地理問答作波斯波魯斯。世界地學作波士婆爾泰。西新史作斯巴斯士撥海口。稱與髮瑙海口並峙。外國地理作波斯阿拉斯。稱爲歐亞軍事商業要路。俄史作婆斯弗拉斯。稱在君士旦丁外。爲北路海口。英俄大戰處。值土東。古羅馬曾都此。卽興亡史我斯特奴果斯也

他大尼里海峽

西洋史要作達達逞耳司。全志作達達內勒斯。俄史作大丹發而斯。稱爲君士旦丁必由港。世界地

誌作德多奈斯欲入黑海者必經此峽欲下地中海者必經馬海均在西土東此峽東北即黑勒斯奔歷史作希來斯拍特史要作海力斯開特又北即艦隊根據之加利

亞得亞海

萬國地志作阿得並海口地理問答作阿德利亞漢文圖作愛得力唵狄克世界地誌作阿德利阿地克地學作阿多利亞其庫稱有耶利多港為南歐貿易第一外國地理作亞多利切古亦作亞刀利切古在西土西北南通地中海富鹽質耶利多學會圖作斯波拉多

地中海

又名大海泰西人名墨力特爾勒力安一作美的德拉虐希臘東南西南皆是西土羅美尼阿亦由希臘海南下此海

附土角

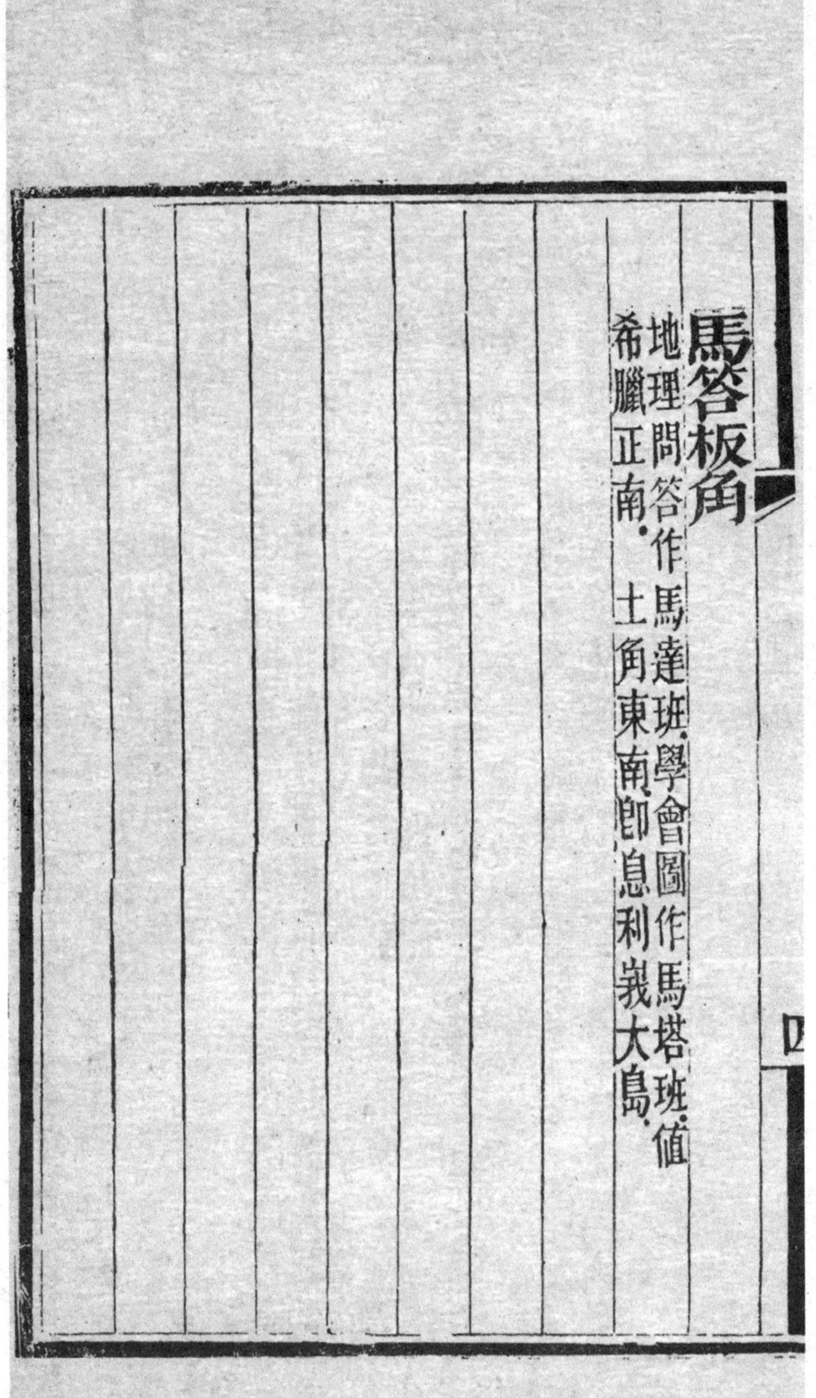

馬答板角

地理問答作馬達班。學會圖作馬塔班。值希臘正南。土角東南，即息利峩大島。

奧地利亞山水澤地所在

亞耳伯山

即阿爾魄士。世界地學作阿爾布。地誌作亞尒伯斯。地理問答作阿勒伯。外國地理稱亞路布士圖球圖作愛耳魄斯。法志作亞斯伯稱爲奧法戰爭處。在奧西南。形似蛾眉綿亘廣遠直至達爾馬西阿境。穿土國。東南阿耳魄士。在特蘭斯耳哇尼阿界。學會圖稱達郎西里瓦尼亞山脈。

波厄迷亞山

世界地學作波赫米亞。萬國地志作簿海米亞學會圖作波墨尒瓦耳得。在奧西北。鑛産最盛。北屏德因部名山。萬國圖作伯麻咗耳特。或即俄史百喇濟稱法敗俄處。

小卡批提安山

西洋史要作小加拔提安。萬國地志作揩拍喜亞母。値奧都北。俯臨河。即學會圖克耳喀巴阡。稍

東有答特拉山學會圖作法特拉全志作蘇德第亦在奧北南臨恒加利即小卡批提所綿延者

加爾巴德山

即萬國圖卡批提安圖球圖作喀排塔安學會圖作喀介巴阡世界地誌稱加巴西安山脈地理問答稱嘎巴典在奧東北歐州圖考稱在奧東曲折似弓弧世界地學作格巴遏亦作加爾巴遏外國地理作加路伯詩晏山下即馬加平地與上二山並阿耳伯士山脈所延成由卜可維納走達郎西里

摩納維山

全志作摩雷斐亞歐州圖考稱在奧東南以其界西土摩納維地而名又東南乃特蘭斯耳哇尼阿界之阿耳魄士學會圖作達郎西里瓦尼亞山脈外國地理稱治拿里古亞路布士摩納維即摩爾達維亞

多惱河

異名見前自西北德界巴瓦里阿入境東流有一水自德界阿耳鯤士東界北流經苗匿克西又北流來會東北流偏南至巴叟有因河亦自瑞士經德界阿耳鯤士東東北流合南自撒耳士堡西薩耳特薩克河之水北流來會東流經上下奧地利至維恩納境東至不勒士勃城西有瑪克河卽學會圖馬池河北自摩拉維阿界合西北一水東南流來會又東偏南有戴阿河卽學會圖臘伯河合一水自西來入又東有挖河卽學會圖瓦格河東北自塔特拉山曲曲西南經小卡批提安山麓轉而南流來會東流折而南流至恆加利京城披什特西南流分數派右受自羅巴頓尼湖流出水曲曲南流經士拉窩尼阿東西會特洛河水見下南流折而東有梯索河合數水南流來會見下又南偏東經羅馬尼阿駐兵邊界有撒窩河自西合數水曲曲東北流來會見下卽賽維阿國京城北境東南流有伊巴河合數水經賽維阿界北流來會東南流折而東北經鄂索窩城西南曲曲南流卽維定

城東折而東流入西土境尚有亞特耳河東北自小卡批提安山發源穿特蘭斯耳界之阿耳魄士南流來會也

特洛河

萬國圖又作特拉法學會圖作得老地理問答作德拉法漢文圖作得來夫上源出的羅耳界亞耳伯山二源合而東流經卡林提阿南又東有丹阿河即學會圖本尒河自西北界上折而南流經格列士城西東南流來會東南流曲曲東流至額西克城入多惱河

撒窩河

流域在特洛河南即學會圖騷河上源西出克林界阿耳伯士山中合數水曲曲東流至士拉窩尼阿南受南自波士尼阿界波斯拿河水曲曲南流入東流有特林諾河即學會圖德里納自黑山國界數源合而曲曲北流來會又東流折而南流曲曲東北入多惱河正値賽維阿國都城北

德意斯河

歐州圖考稱發源東面加爾巴德山虹貫千六百里至南境將盡始入多惱河即萬國圖梯索河地理問答作第色學會圖作推斯者自卡批提安西流受北來二水稍西南有亞尒馬斯河自特蘭斯耳界合數水西偏南流折北流又西北流來會曲曲北流折而西南受北來一水又西南有自西北來水合北一水南流偏東來會即薩約河也曲曲西南經密什庫耳士即學會圖瀰斯科尒嗣城南南流受西北來一水又南經恆加利京城東南有可羅斯河即萬國圖卡列什自特蘭斯耳界西北流經恆加利境合數水西北流又西南流折而南流來會又南有麼羅什河即學會圖馬洛斯東自特蘭斯耳界二源合而西南流經布士城北又西經鄂羅特南來會河口西即色結丁城又南流至烏衣夫第克東入於多惱河正南境將盡處也

得捏士塔河

異名見前源出加里西阿南界之卡批提安山與梯索河分水東南流至南俄界上俄秩薩城入黑海

維士都拉河

異名見前學會圖名瓦薩河稱一作威支塞耳源出奧北普界悉利西阿境內小卡批提安山與俄達河背道分馳東北流合西南自塔特拉山拉巴河水又東北合南自卡批提安山來散河即學會圖三尼河水入普界西北流折而正北至俄波蘭境入於波羅的海乃普俄交界水

阿爾河

萬國圖作俄達地志作握苔俄史作阿奪圓球圖作俄豆地理問答作俄德即歐德法志作阿得外國地理作阿爹路源出奧北小卡批提安山與維土都拉分水西北流虹貫普魯斯中土入於波羅的海西征紀程則稱出細勒西亞特拉波城西北山中按當是西南

厄耳白河

志略作黑里巴。學會圖作厄格尒。近史作埃尒比。地理問答作哀勒伯。漢文圖作愛耳白。世界地學作易北。外國地理作耶路比。一作厄勒卑。一作愛爾珀。上源名歷耳斗河。出波厄迷亞山。曲曲北流。合東自偉人山來水。始名厄耳白河。入普界。西北流。虹貫中央。入北海。

巴拉敦湖

學會圖作普剌甸。萬國圖作巴羅頓尼。萬國地志作排拉敦。在恒加利京城西界。自湖流出水。東南流。曲曲南流。偏東流。入多惱河。附近一湖名紐細德耳。

亞德亞海

異名見前。

值奥西南。

瑞士山水澤地所在

阿耳魄士山

異名見前盤亘瑞士全土有隧道南屏意大利西北迤邐而東達奥西南達耳麥西阿境大河如來因弄河發源此山此外入多惱河因河入來因河薩尼河路士河吐阿河等或在東或在西均自此山左近流出並入温匿西阿海灣波河亦源於意國西西北界上之阿耳魄士則以一山而跨奥意瑞德法五國之界有以也夫高峰有羅薩容傅老等名

哥他得峰

此峰東麓爲來因河發源處阿耳魄士所支分即外國地理箇里三加路嶺俄史哥揆得嶺稱通意及瑞士有巨湖俄攻法兩將士隔於此嶺

鏑因河

萬國圖作來因地志作剌因又作獨恆圓球圖作拉安法志作萊因即萊尼外國地理作拉燕源出哥他得峰東麓穿山東北流有一河自格里順界山中合數水東北流來會又東北合自山東流出經顧阿北界水折而北合自奧界西北流水西北流滙爲阿波登湖北即德界華添勃南受北經華添勃東來一水經孔士頓士城南自湖出西經沙扶厚生南曲一曲而南有吐阿河南自巠哥耳界山中北流折而西流來會南流又西經厄格里叟城南轉而北有阿河合路士河北流來會見下曲曲西流又北流轉而西經來因斐耳頓城南又西稍北至伯耳城東有水自法界東北流又北流來會折而北入德界巴登西境

阿河

上源出西界阿耳魄士北流穿山西流又北流經縛累堡西偏東北流有一水自東南界北流折而西流來會西西即麽辣特湖又北有一水自萬山中西北流又西流滙爲勃里恩士湖又一西滙爲沌湖

自湖出西北流經京城伯爾尼西北流又西南曲曲西流來會北流名薩尼河東北流與彼恩湖通曲曲東流經索柳阿界又東北經阿闌城北受自南來水北偏東流有路士河西南自勃里恩士湖北東北流經魯璇湖北折北流曲曲偏西來會阿河亦曲曲北流入來因河也

羅尼河

即萬國圖弄河萬國地志魯河英法日記龍納江法志作羅內川東游記作羅納俄史作上雷納稱爲法意交界所地理問答作繙瑪色勒[illegible]世界地誌作若拉地學作倫河稱可[illegible]蠶外國地理作龍怒亦作羅怒又作羅悟怒源出大山中阜加峽下西南流經瓦來斯部至馬的格尼北轉而西北經瓦烏的部南滙爲給尼發湖轉而西南出湖經給尼發城中又西南入法境上撒歪部

給尼發湖

萬國圖作中尼夫稱即建尼法世界地學作設涅窩地誌作賽奈雅亞萬國地志作及納維外國地

理作嗟尼伯。卽志略官斯丹薩。在瓦烏的部南。弄河水滙焉。其自法界澳德撒哇西北流入湖水。卽若內弗河也。亦出阿耳魄士。

麼辣特湖

上源承瓦烏的部界上水。東北流滙爲是湖。湖東南卽入來因河阿河。

奴什阿迭耳湖

世界地學作紐卡鐵耳。全志作牛哈代耳。橫亘奴什阿迭耳部東南。自北偏東流出一水。滙爲彼恩湖。其西北出水。又西流折而北流偏西流會自法界西南水。又北偏東。爲都比士河。曲曲東北流。折而西西流。入法界。合順河。

蘇克湖

四國日記作徂指。在阿耳魄士山背。蘇克部西西山洞中。

魯璇湖

外國地理作路戚龍在魯璇部中路士河東南。

心帕克湖

在魯璇部中路士河流域西北。

蘇溺克湖

瀛寰全志作粗利革外國地理作超烈希在蘇溺克部中。

孔士頓士湖

萬國圖稱又名波登世界地學作昆士坦士地誌作君士坦外國地理作剛斯吞五大州志又稱官斯丹在瑞東北與德連界來因河入是湖中。

意大利山水海地所在

亞耳伯山

法志又作亞卑稱崙伐意踰山絶嶺當卽全志羅賽峰萬國圖羅薩是山爲意國北方咽喉自瑞奧蜿蜒而來綿亘於東北正北西北三面凡自北至南直趨地中海濱山脈皆由此發有六隧通瑞奧法

亞奔嫩山

卽阿皮奈圖球圖作愛噴南學會圖作亞平甯西征紀程作亞卑尼奴稱最高峰曰科尒那萬國圖作何偏乃因士外國地理作亞俾拿燕世界地學作阿比零地誌作阿盆吞地理問答作阿笨年法志作亞邊南稱奧將欒拿破崙守此險自西北綿亘東南直至美西納峽沒于海志略稱意國中有大山如脊者是也亦亞耳伯分脈產白金

委蘇維俄火山

即凡蘇浮斯圓球圖作斐蘇斐歐斯學會圖作維蘇威世界地學作別土比阿地誌作維土委斯爲亞奔嫩分支近那頗利城俯臨那頗利灣在堪板尼亞境內後漢章帝時山巔噴火陷三城玻磨俯以府入焉郎賴尼恆邦貝等市

卡刺勃利阿山

學會圖作加拉布里亞亦亞奔嫩山蜿蜒至於極南境者因部得名歷史圖作布爾其

埃特納火山

世界地誌作愛脫那峰地學作那得納圓球圖作愛特納西征紀程作埃得乃地理問答作哀德那在細細利島東即志略所稱別有火峰峰巔常出煙雲火石飛空灰如霜霰者是也其自西至東橫亘全島中出一脈復迤而南者即志略所稱郭外萬峰環繞高插雲表内多幽壑古洞是也山脈與

亞奔嫩相屬

士多倫頗梨火山

世界地誌作脫昂伯利全志作斯斯東波利在利波里羣島中即學會圖斯特蘭玻里以島名山

濟那逮吐山

在薩甸牙島中東臨泰連尼安海

波河

歐州圖考作波亞的萬國地志作濮河地理問答作波江萬國歷史作帕特司法志作玻河外國地理作破河上源出法東界意西北界之阿耳魄士數水合而東流受北自瑞士南界抹佐力湖流出一水曲曲又東受北自瑞士東南界科麼湖流出一水正值倫巴多南此湖上源爲阿達河即俄攻法兵阿得河自瑞士格里順界大山中與入多惱河因河分水西流入湖者也波河又東偏北受北

自嘎達湖流出一水，又東偏南，經伐拉刺北，溫[illegible]西阿南，又東，入於阿得力阿海，名波河口。河口北有厄特什河，出倫巴多北界之阿耳魄士，東北流，曲曲出山，又東流，折而南偏西流，又折而東，入於海。二河均阿耳魄土山麓冰雪融成。

泰羅河

萬國圖又作提斐里，學會圖作第表介，萬國地志作他排，西洋史要作低泊，云，羅馬始祖居此，圓球圖作塔愛拆，俄史作鐵皮，云，法帥至此，世界地誌作退巴，西征紀程作低白，法志作太羅，歷史作鐵盤利司，源出亞奔嫩山腹，東南流，折而南，經唵勃里阿界，西流，復東南流，折而西南，至拉丁，經都城羅馬中，入於泰連尼安海。

阿諾河

學會圖作阿若，全志作阿耳挪，南流，又西北流，折而北，又西流，經里窩那北，入里沽力阿海，斯拔薩商埠．在河口．上源亦出亞奔嫩．即歷史安納司川．

馬巢湖

萬國圖作科磨地志作夸木．在北境倫巴多界．上源有瑞士東南山流出阿達河來滙．

嘉德湖

萬國地志作茄尒達．萬國圖作嘎達．分支津入波河．值馬巢湖東．

抹佐力湖

即萬國地志麥其羅．值馬巢湖西．湖北北即瑞南大山．亦分支津入波河．三湖在與瑞士分水處．

特拉西米諾湖

值波耳西納湖北．在都城界內．漢尼巴破羅馬軍處．

波耳西納湖

學會圖作巴尒西納池。在特拉西米南。亦値都城界內。

戕諾伐灣

圜球圖作齊奴阿。世界地誌作賽羅亞。五大州志作節耦阿。外國地理作嗟耐亞。地理問答作遮那法。在薩爾的尼亞南。

里沽力阿海

卽薩爾的尼亞海。學會圖作力古利設斯。外國地理作利古利亞。在戕諾伐灣又南。爲意國西北境海。

波尼法楚海峽

學會圖作波尼法西戕圜球圖作波尼發緯萬國地志作簿尼反赦。亦稱海腰。在科士島與薩甸牙島中間。科士屬法。薩甸牙屬意。

泰連尼安海

學會圖作第勒尼安。世界地學作畿尼昂。外國地理作池離二亞。在都城羅馬南。科士薩甸牙二島東。

美西納海峽

圓球圖作邁西那。英法日記作米新卡納爾。世界地誌作密西那。地理問答作美西那海腰。在細細利島與卡剌勃利阿中間。正所謂如人股著屐處。

伊俄尼阿海

異名見前。在國東南。即地中海灣曲處。按伊俄尼阿。急言之。則爲以阿尼。希臘西方諸島總稱以阿尼者。因與伊俄尼阿海近故也。

塔蘭隋灣

圓球圖作塔拉恩拖拖萬國地志作啞得倫拖世界地誌作他蘭多亦稱突昂多地理問答作達蘭多海股亦稱俄德蘭多海腰因地命名即伊俄尼阿海曲入處

阿得力阿海

異名見前此海東北接奧西南亦地中海曲入處西征紀程稱子海是也泰西新史有黎攀塊海口或指此

溫尼西阿灣

學會圖作威內薩世界地誌作維尼斯在阿得力阿海北沿岸卑溼多池沼即泰西新史飛泥雪海口稱昔歐船自好望角來由此運送

地中海

在國正南西與法國共海東與希臘共海

德意志山水海地所在

阿耳魄士山

異名見前。由瑞士迤邐而來，盤亘國南，多惱河流經其北。西界、中界、南界、東界諸山皆此一山所磅礴，略列下方。

烏什山

全志作伐呵入山林，在德西南法東北，以部名山。東來因河、山西麼斯耳河，烏什法地，即窩斯日。

什瓦士哇耳特山

萬國圖稱即黑林山，學會圖作什瓦斯華，即巴登國阜林英城西北山，多惱河發源處。

波厄迷亞大林山

西近巴威也拉，多惱河在其南，即學會圖拜甲舍尒。萬國圖伯麻呿耳特連接輿地利西北境，互見。

扼土嘎比阿嘎山

萬國圖稱即五金山橫亘日耳曼小邦中間厄耳白河西經其麓中央大峰也

利生嘎比阿嘎山

萬國圖稱即偉人山西征紀程作利森在東南勃列士羅界上山脈接奧之小卡批提安俄達河流域在北

多惱河

異名見前萬國地志又作達牛勃綱目又作多囉源出什瓦士土哇耳特山東流少北經瓦墩堡界合南自亞耳魄士山來水東東北流經里根士堡北即與奧共境轉而東南入奧界因河薩耳特薩克河北流入焉流域值巴瓦里阿南德防奧則扼之

蘭因河

異名見前萬國地志又作梅藍。源出瑞士界上之阿耳魄士白巴勒即伯悉耳入境。爽山北流偏東。又西北流。至西普界科勃連士西南。會麼斯耳河。又西北。折而西。西流至荷蘭與比利時交界處。合茁士河。分數支入北海。此河由運河可通多惱及弄河。德防法則扼之。

摩斯耳河

法志作莫塞耳。學會圖作摩塞耳。全志作摩色勒。世界地學作萬鐵爾。源出與法界烏什大山。北流。又西北流。經法比二國間。東北流。受北自荷屬魯森堡西界來一水。曲曲東北至德極西南境。西普科勃連士與上大來因河。麥士重城在河東。

唵士河

學會圖作延姆斯。全志圖作恩斯。上源出威士法蘭界上大山。西北流。折而北流。與荷蘭分界。又西流。經噞登城。西入北海。

威薩河

志略作威悉萬國地志作會甕地理問答作偉色法志作威塞耳世界地誌作惠賽爾地學作耶穀爾使德記作來納外國地理作烏耶嗟路源發五金山西南麓在日耳曼小邦界內西北流折而北偏東流出山西北曲曲折而北流又西北經力披迭摩耳東北曲曲北流經民登東什喻堡力披西又西北至伯里門東受自東來水北流入北海志略誤爲易北河

厄耳白河

異名見前萬國地志又作合尔埼似即俄史介制滑河云連盟軍敗拿破崙處源出與奧北界偉人山即與波厄迷亞山相接者西北流北偏東流經五金山東麓過德理士甸又西北折而北流經麥德堡東虹貫德境中央西北流經威堡南又西北入北海

阿爾河

異名見前萬國地志又作蛙但自奧北界合數氷西北流入境經悉里西阿東痾蒲林西西偏北流曲曲西北經勃列士羅東北格洛穀西南北過班丁堡界有哇塔河學會圖作瓦翠南自奧界曲曲北流又西流合自南來普羅士納河此河因經勃列士羅而得名迆西流折而北流經波森界又西流來會北偏西流有士拔利河世界地學作士布利郎士普里溪都城在其上焉者南自德里士甸界上北流曲曲西北瀦為湖自湖出北流又東北折西北流經班丁堡界北流經伯林城西折而東流來會北偏東流經士鐵廷東北流入波羅的海河口與丹麥邦恆島相望郎使德記奧德阿江江口為水師泊船所

維士如剌河

異名見前自奧北界入境東北流折而西北經俄波蘭界受自東北來水西北流折而北流經東普魯士所分之西普魯士界北流偏西由丹塞灣入波羅的海是為德俄分界水德防俄則扼此河

集門河

在維七如刺河東北西北流入波羅的海去俄界里葛灣不遠海岸沙州稱日勒倫古風景清佳似郎萬國圖庫里什厄哈夫學會圖庫里舍內隆地互見

丹塞灣

以地名全志作旦賴華學會圖作丹錫嬌値德東北隅出灣郎波羅的海

北海

在德極西北界與英荷丹瑪共海

法蘭西山水海地所在

亞耳伯山

異名見前興亡史又作攀亞尒伯自瑞士綿亘法東東界日瑞兩國南接意波河發源處第一峰曰白山稱白帽最峻即萬國地志勃林世界地誌孟布杲外國地理望布蘭全志勃郎克弄河流其下山北連峰綿亘者爲汝拉山西征紀程作周拉全志作侏拉萬國圖作舒拉郎俄進攻法之都嶺再北則窩日山學會圖作瓦斯高山羅勒內與亞爾撒斯兩要地在焉再南爲舍里山近史作查那斯亞布路士拿氏行師處地理問答作色尼斯世界地學稱穿山七英里餘隧道通意疑即外國地理趙拉波趙稱可通意瑞德等國者

比里尼斯山

法志作牛嶺歐州圖考作比利牛斯近史作彼利呢嶺萬國圖作鬼利尼士地理問答作比勒尼斯

漢文圖作辟侖伊斯、世界地學作比列尼士、地誌稱披勒尼斯山脈、外國地理作卑離二、橫亘法南、與西班牙接、在東者、稱魄利尼索力昂、東盡地中海及里昂灣、在西者、稱巴士魄利尼士、西至大西洋及比斯開雅灣長八百餘里、

些文山

地理問答作色分、學會圖稱西温尼斯山脈、萬國地志作喜禼納斯、五大州志作斯晲奴、居法中央偏東南、洛撒洛哇、順扼弄郡、均在內、

俄斐倫山

一作俄弗倫、萬國地志作阿頁吉居法中央、羅亞尒高羅亞尒二府、在其內、世界地誌奧維阿奴高原當指此、

羅頓多山

在科士島中南北綫亘郎西征紀程羅當多高峰

塞納河

法志作米河萬國圖作色因萬國地志作哀諾俄史作賴奈亦作賴納漢文圖作賽恩世界地學作設奴地誌作賽勒外國地理作升怒源出哥德多爾郡的仍西北山中西北流轉而西流受自東南來納內河萬國圖作丕崴學會圖作痾皐河水西北流過美倫邑西又西北入巴黎城出城西北受自東北來痾瓦斯郎外士水因地名全志作歪斯萬國圖作茫河者以其上源自茫郡來也西北流過塞納南痾瓦斯郡北又西北過盧昂南西流至哈佛爾郎全志哈費耳南入英蘭海曰先河口是爲北部巨川

羅亞爾河

世界地誌作羅亞地學作路阿萬國地志作魯挨圓球圖作魯阿俄史作下雷納云奥將移師至此

萬國圖作洛哇地理問答作勒瓦耳稱與塞納日倫大河均緊要海口外國地理作羅亞路源出東南些文山在呂浦維邑南北行偏西至尼阿代府亞溺法城西有阿爾力阿河亦自些文山北流經拾列日界上來會北流折而西北經羅亞爾郡南耳郡北西偏南流至都爾郎吐阿邑南有施阿河南自哥留斯界上北流折而西流來會又西偏南有維恩河東南自里摩日界上西北流折而北流來會水以郡名曲曲北流經賁內羅亞爾郡北西偏南流至洛哇恩斐利阿南西流入大西洋海是河貫國中部

日倫大河

法志作伽崙全志作嘎倫河畔產葡萄萬國圖作葛弄郎喝弄地理問答作剌龍德世界地誌作嘎羅奴地學作加倫下流爲計倫外國地理作牙龍怒上源爲加羅納萬國圖作阿利尼什出比利牛斯大山北流經高加羅內郎澳德葛弄界北偏西流至達爾尼加羅內界有撇河東北自些文山曲

曲西北。合自亞維倫界上。阿威弄河西流來會。西北流。又偏北流。有羅緯特河。亦東自些文山曲曲西流經羅加羅內郎界上。西流來會。西北流。折西而北流。有鐸敦河學會圖作多介多內河。東南自康達爾西南流。又西流經羅凝郎鐸敦南界。折而西北來會。北流偏西。河身甚濶。經羅什榑南入北士開雅灣。

羅尼河

異名見前。自瑞士。給尼發城中。西南流入境。經上撒歪部郎澳德撒哇西厄英部郎昂郡東南流經撒歪部西轉西流經厄英部南義塞勒北又西入羅內部郎弄部至里昂城下。有蘇安河學會圖作薩鄂內萬國圖作順河。全志作孫河東游記作瑣恩河者。東北出高索內部郎澳德順界上。西南流有都比士河郎都伯河。自瑞士西境奴什阿迭耳湖流出。西流來會。轉而南經昂郡西弄郡東。合羅尼河合而南流。經多羅美郎特隆窩哥律師郎烏克路士西。又南偏西分二支。均由里昂灣入地中

法九

三

海灣口東馬塞市鎮爲法西南海巨埠亦歐州出入門戶

繆色河

萬國圖名麥士又名苗士泰西新史作謀死源出烏什部北界北流偏西河上卽師丹城經亞爾德內斯卽阿甸東境北流入比界東北流轉而西北在荷界合蘭因河分出之南一支瓦耳河水以入北海互見

馬的圭斯湖

學會圖作馬笛圭在布什都弄南湖口西南向與海通西卽弄河口

比士開雅灣

地理問答作巴斯嘎萬國地志作皮斯凱與亡史作畢斯克云曾爲北人所侵世界地學作比斯克漢文圖作必斯開外國地理作畢斯邑在法西南灣外卽北大西洋

英蘭峽

地理問答作英革蘭西征紀程作英倫海圖球圖作英格力斯運河漢文圖稱英格力斯峽在法西北英法所隔海灣也西南連大西洋東北達歐州北海

多法海峽

東游記作都發使德記作都之一作渡浮圓球圖作杜法括地略作哆瓦地理問答作多佛西國日記作多甫西征紀程作多汶地球韻言作哈浮世界地學作脫巴泰西新史稱德福海口云俄彼得學造船此地在法東北英法相隔最窄處議開海底鐵路以行輪郎法志所稱拉合海昔英法大戰之區

里昂灣

圓球圖作來昂地理問答作利昂海股世界地學作里温外國地理作利翁浦在法東南

地中海

在法南西與西班牙共海東與意大利共海

附土角

散馬太角

在法西北臨海岔郎不勒士特伸出一土與英蘭怎德角相望其附近小島曰烏山學會圖作老威散特

英吉利山水海地所在

以利沙伯山

近史作伊利沙拔，在倫敦西南，遥望如其前女主以利沙伯像，故名。據學會圖倫敦西南有諾尒斯多山，其遠脈則馬耳巴山也，未審是否。

康布連山脈

在西部，盤亘威爾勒士全境，由西北而西南，直湊海濱。北爲卡的幹，南爲卡馬典。全志根伯連，又在北郎學會圖昆布梁，西望明島。

別林櫹岡

在英倫北，郎學會圖偏尼內開英山，五大州志盆那印，萬國地志配銀，全志奔奈恩，稱地脊，爲約爾克與立法鋪耳二大鎮界，別高峰曰克老司勿兒。

且維得連岡

學會圖作哲維倭特山。山南英倫山北蘇省爲分界嶺。卽全志祉非阿。

格藍丕安山

世界地學作固倫比阿。西征紀程作格蘭便。學會圖稱格蘭扁山脈。卽格蘭片。在蘇島北部。最高峰名班內非斯。卽地學賓列比土高原。全志便尼非其間有著名加列多尼恩深谿。卽地志鉛來獨泥亞。在音威爾內斯部內。見下。

鄂克斯山

値阿爾蘭西偏北方。在可尼湖東。對峙者。曰內芬山。在湖西。其南偏西山曰毛拉加雷尒雄峙李河北。最西濱海者。曰布蘭敦山。値丁格里灣北。曰喀哈山値班持里灣北。班特里。又在丁格里南。

哥篗山

全志圖作危克篗值埃蘭都城南直抵窩士旛郎危司弗界

達迷塞河

萬國圖作天士郎泰晤士地志作但母斯圓球圖作臺母斯近史作陝士興亡史作帖母斯使德記作達眉地理問答作典斯世界地學作鐵姆士地誌作的莫斯外國地理作參末士源出烏義爾德部克里克拉德西北其處曰達迷斯海得東南流轉而東北出烏義爾德哥羅塞斯德二部界東流出哥羅塞斯德北爾克郎巴扶二部界東北流出北爾克[illegible]哥斯旛爾二部界又東北出北爾克巴京咸二部界東南流出巴京咸蘇勒郎里定界又東南出蘇勒迷德勒塞斯二部間都城郎建是部中東北流過里徹曼得西小火輪通行至此又東北過倫敦城中東南流出根德河底有隧道至厄塞過烏里池南又東過茶坦姆北東至設布里勒斯郎以魄士威治南入北海曰天士河口

塞佛耳內河

一作塞威內。萬國圖作些芬。地志作塞繁。學會圖作棲汶。全志作色分。世界地學作設班。外國地理作信龍地坔。當英倫西河源在加勒地。卽威耳士界。迤東流。折而南流。經伯明憾烏士塔二部。西卒向西南流。經蒙諜扶南勃里士度耳北。朝宗於海。卽白力斯透運河。出河口。乃大西洋海。

翁伯爾河

此河汪洋巨浸。濶如楊子江口。爲海西門戶。航海者由此進埠。一說卽里昧波城之美爾塞河。非是。當卽烏士河下流之恆比爾河。兩存備考。

大烏斯河

學會圖作烏西。圓球圖作瓦施。自倫敦西北大山中。東北流。折而東。經恆丁敦南。岡比日北。又北流。入於北海。學會圖作瓦什河口。全志作沃社海股。卽瓦施口。

烏士河

即馬斯學會圖作烏勒亦作敖西上源出英倫北界別林大山與太因河分水自西徂東折而南偏東流約克城即在東岸合數水又東流有惕連特河學會圖作德林特西南自窩力克界北流又東偏北流折而北經諾丁咸淩肯二城西來會河北即和耳城東流入於北海即全志很伯亦即翁伯爾圓球圖恆抔江萬國地志海毋盤世界地學哈母巴學會圖恆比尒也

謀西江

全志圖作美耳色亦出別林大山流域與烏士河隔山西偏南流經曼釵斯透南西流經立法鋪耳南西北流入埃蘭海即美尒塞河東游記作苗尒細稱進河口十九里即雷弗普耳城

太因河

世界地誌作達瀛全志作太印與烏士河同出一山烏士自山南東流太因自山北北流折而東流

經紐卡士耳城南入北海學會圖又作北地尼河以上英蘭島水

退德河

流域在且維得界山東以地望準之即學會圖可貴得以音合之乃特威得也入北海

庫頼得河

世界地誌作克辣特萬國地志作克來度大河全志作克來多盛船業西征紀程作克來德云河濱產煤鐵南偏東流經金洛士南蘇島都城北又東流河面甚濶入北海全志圖稱弗特海股學會圖稱佛斯非斯又北乃頳河入海之頳海股即大河

噹河　第河

二河均出格藍丕安山東麓第河學會圖又作底河噹河即當河均東流入北海河口即阿巴甸城似即萬國地志夫亞次灣稱艮港者山北一源名斯該河北流至埃爾京入北海即全志圖斯派

河。

瑪來灣水

萬國地志稱英人由此灣頭鑿一大運河達牛根灣頭，名曰鉛來獨泥亞。兩岸皆山，溪谷幽邃。河上有盆諾維斯高峰。以地望核之，瑪來卽學會圖姆耳、萬國圖穆兒島外之灣。牢恨卽萬國圖乃恩其高峰，學會圖似作洛支內斯，亦卽班內菲斯。以上蘇島水。

坦西河

一作但西，一作但士。源出勞斯卽乃士東南烏山，學會圖似作利非。北偏西流，折而東北，又東流貫都勃林城中，入於埃爾蘭海。又北為波內河，亦東北流，折而東流，入埃尒蘭海。海口卽特洛黑達城。

斜農河

在埃爾蘭西界學會圖作善蕽萬國地志作新農圓球圖作煞能西南流又西流經林麻勒克恩匿士諸地入大洋海水最清冷多狗吐魚郎全志珊嫩河

博羅河

學會圖作巴老自北南流又南偏西經卡羅西台自西北來羅里河南入大洋海

李河

學會圖作里河源出西方喀哈山自西徂東科克城即在其南折而東南入大洋海

黑水河

上源出勒德靈郎恩司克倫東界東北流滙爲尼湖學會圖作尼格自湖出又北流名便河學會圖作班尼經倫敦達利城東入大洋海其城西東北流入海水學會圖作法里灣名同

額尼湖

全志圖作耳納合南來數湖值勒德靈西方西北流折而西入大洋海湖口即當尼告耳灣以上埃爾蘭水

多法海峽

異名見前學會圖又作多維尒值英蘭東南爲與法相隔最窄海峽

英蘭岔

異名見前即學會圖什冉內尒與多法海峽相接東北通北海西連大西洋海爲英法所隔海灣

埃爾蘭海

地理問答作哀耳蘭學會圖作阿尒什漢文圖作阿爱力施世界地學作西爱爾土地誌作阿休列在蘇葛蘭南英蘭西埃爾蘭東海南即聖佐治岔岔外即大西洋北即北岔岔外亦即大西洋學會圖謂北岔爲北加納尒

明支海岔

學會圖作大民支小民支偱希勃力第土羣島東蘇島西北

聖佐治岔

英志作三若日。萬國地志作聖健其學會圖作斯特幾鄂介格加納介。全志作卓支東游記稱埃爾蘭東南。有君士湯埠。與英倫雷弗普城電信相通當是海洋進口處卽在聖佐治岔左近。

當尼告耳灣

萬國圖作端伊哥耳。學會圖作多內加耳。全志圖作但伊嘎海股。在埃蘭西北。卽額尼湖水出海處。灣外爲大西洋。

告耳外灣

萬國圖作葛耳歪。全志圖作高勒偉海股。在埃蘭西葛耳歪部西南。灣外亦大西洋。

末雷海峽

圓球圖作諜來。在蘇島東北。峽內即乃恩。峽外即北海。

北海

蘇葛蘭東北。英蘭東南皆是。東與挪嗹西南方。荷比北方。共海。亦稱裨海。

大西洋海

蘇埃二島正西西北西南皆是。

附士角

蘭士恩角

地理問答作蘭怎德。值英倫最西南方。南與法國散馬太角對。

克里阿角

地理問答作革列圖球圖作克里耳萬國
地志作克利亞値埃蘭西南方最著名

荷蘭比利時河海所在

蘭因河

異名見前源出瑞士界上亞耳伯經瑞士東虹貫德國極西南境合麼斯耳河曲曲西北至南荷蘭東分三支入海一曰義塞耳河卽衣昔士萬國圖作伊悉耳自蘭因分支曲曲東北折而北流經給爾德德勒界又北偏西入隨達海一曰瓦亞爾河萬國圖作瓦耳自蘭因分支西南流轉而西流合繆色河滙成汊港趨北海一曰里克河亦自蘭因分支西北流西偏南流又西北經羅塔耽城南趨北海河口中有數島支津與瓦耳河津流均通凡分支諸河皆荷蘭水利所資

義河

又自蘭因分出里克河分一支西北流經烏德勒支界折而北河東島嶼甚多北荷蘭都城亞摩斯德爾登值河西又北入隨達海河口西灣外國地理稱治參路治亦歐州有數要港

威克德河

學會圖作委文上源接德界與喃士河分水西北流稍南流合一水西折而北經士篤里界北偏西流入隨達海河口在伊悉耳河口又東北正對士谷蘭島

繆色河

志略作義斯加爾達萬國地志作眸斯全志作末斯世界地誌作麻斯斯地學作馬士地球韻言作馬斯自法界北流入境曲曲西北又東北合南自魯森堡來吳兒河水卽乃慕尒東南界也折北流經乃慕阿東又東北經里治城南北偏東流經荷屬林堡東西北曲曲合於蘭因分出之南一支瓦耳河水趨北海正值布哇呂德克城西北

厄斯谷河

志略作米干塞學會圖作些耳德萬國地志作哀尒特全志作司開德萬國圖作士刻耳德又名伊

士古世界地誌作賽爾多地學作西克爾多外國地理作西路爹自與法界發源東偏北流經北極西南境折而北經海臘德西東北流經東發蘭德斯西有里厄河學會圖作立士又名里士自西發蘭南亦東北流來會曲曲東流又東北經安哇噴城西西北流折而北抵西蘭界上成大汊港趨北海謂之東西些耳德河溝渠縱橫荷國稱便

隨達海

歐州圖考稱南海以其在北海南也五大州志作瑞得兒吉學會圖作須德海萬國地志作蘇特尒齊灣地理問答作賽德海股即志略亞爾零內海稱湖者因海潮滙成巨浸而名在南荷北北荷東彎曲處外國地理作治爹路治世界地誌作支的爾賽岸上即唵士特眈城泰西新史稱此灣爲安思丹海口亦俄彼得學造船處

北海

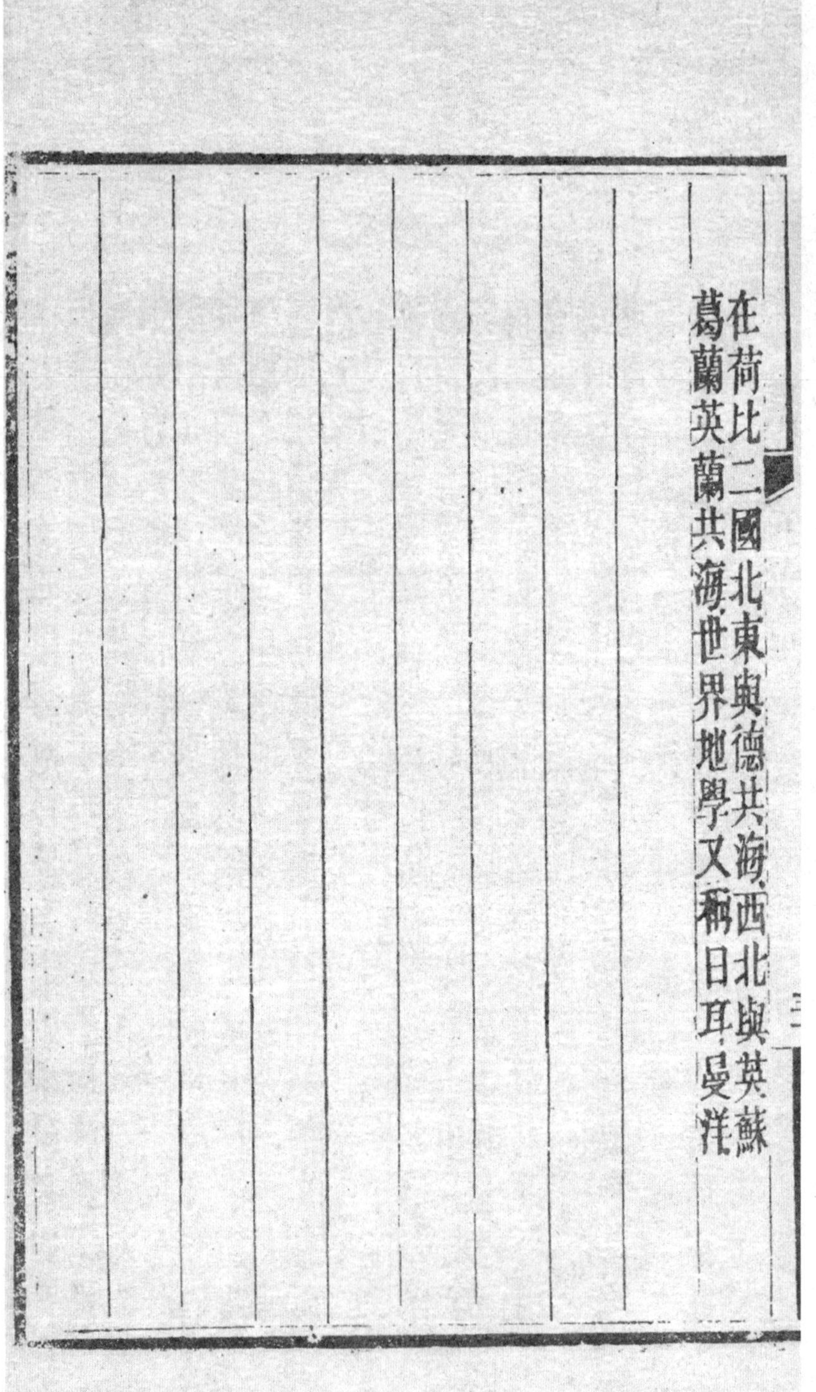

在荷比二國北東與德共海西北與英蘇
葛蘭英蘭共海世界地學又稱日耳曼洋

西班牙葡萄牙山水海地所在

皰利尼士山

異名見前部萬國史綱目比利牛歷史拔來內云漢尼巴踰山攻意大利者自法來入西北境自東至西橫亘如垣劃分三土北土中土南土各有大山列於下

坎塔勃力里阿山

學會圖作大布達萬國地志作根得勃林地理問答作干達伯連部皰利尼士尾山北迤西走之脈循北境又西部阿士吐里阿士山亦是山異名因部改稱至非匿士角沒於海

里安山

以部名部阿士吐里阿士西迤南走之脈擁護西班牙西北境者學會圖稱艮山脈

瓜達拉麻山

此山横亘中土，都城在其南麓，再延而西，為葛塔山，合為全志嘎斯第勒山，乃全國分水界，延而西南，為伊士特里剌山，學會圖作塞拉得加拉，三山均値斗羅河流域南，泰賀河流域北，伊士特里剌，則介葡境

多列隋山

以部名，値中土偏西，學會圖作遮拉，全志作士雷度，亦作些拉士雷度，西遮，又西偏南遮，為瓜達魯皮山，卽多列隋山異名，介葡境地，望値泰賀河流域南，瓜低阿納河流域北，當卽學會圖塞拉的斯比得羅

麼里納山

在南境，全志作些拉瑪雷那，云有水銀鑛，値瓜低阿納河流域南，瓜達幾維阿河流域北，遮而東南尚有數山，壁臨地中海，似卽萬國地志阿培倫山，稱終於挾他岬，卽萬國圖葛搭角者，學會圖有以

斯坦西亞山等名

蒙克戚山

在葡極南境俯臨大西洋值亞利威牙爾郎阿爾嘎霏界上

些拉内法達山

在西班牙東土學會圖稱西里比山峰又作塞拉馬特斯萬國地志稱修拉諸維特峻峰當亦隗利尼士東迤南走之脈全志圖稱些拉達在馬拉嘎北說異

斗羅河

萬國地志作哆囉圓球圖作杜羅地理問答作度羅世界地誌作哇洛地學作多爾外國地理作多羅流甚急源出索里亞部西北界坎塔勃力山中南流西偏北流西經瓦里亞多黎境受北自干達伯連山來喀里汪河水又西偏北至薩摩拉南有北自阿士吐里阿士山來之厄士剌河合數水南

流偏西經薩摩拉界上來會西北流折而西南有南自瓜達拉麻山支麓發出之他尒美斯河北流又西北流經薩拉蒙加城西來會西南流受自南來小水折而西北受自東北來小水西流經葡界卑辣部北西至閩約會城南入大西洋海是爲西班牙西境水

米㕑河

萬國圖作棉約一作米諾學會圖作彌諾發源里安山北麓曲曲西流會北自顱額卽魯曾戈界上南流一水西偏南流至葡界棉約北境入大西洋是爲西班牙西北境水

德人河

歐州圖考作滿薩那來斯一作孟若拿來斯西裔考作德若萬國圖作大賀又名泰索地志作德及斯地理問答作達賀圓球圖作臺勾斯萬國地志作達噶斯世界地學作達固士外國地理作他故士流甚急源出東界大山卽些拉內法達也與呼卡河分水二源合西偏南流經都城南曲曲西流

偏北流受北自瓜達拉麻山來水西偏南流又西偏北流受自東北山中來拋挨大河水西經達塞勒斯城北又西受北自葛塔山來水又西受南來一小水西偏南流入葡境受自伊士特里刺山水經伊士得列馬都拉界西南流受東來刹大斯河水過都城南趨大西洋亦西班牙西方水

薩都河

流域在太賀河南自南北流伊士得拉小部塞獨巴在河右西流出海卽伊士皮齒耳角

瓜第亞納河

平方圖作瓜的牙納四裔考作寡第亞納云多伏流地理問答作瓜第亞那萬國圖作瓜低阿納圜球圖作果阿氏阿那萬國地志作瓜諦阿哪世界地學作夸加拿地誌作剔加斯外國地理作故亞特路流甚急發源固盈加南界去呼卡河流域未遠西流折而西西北西偏南流經盧達里亞耳北折而西北受北自多列隋山來小水曲曲西南有南自歷里納山發出之楚者河西北流來會西偏南

流折折而北偏西流經巴達胡寺城北受北來小水折而西南爲兩國分疆天塹南流入大西洋海是爲西班牙南境偏西水河口西即葡屬發羅城

瓜達爾幾維爾河

圓球圖作告達克蔚淂學會圖作瓜到基維尒地理問答作作瓜達拉基斐萬國圖作瓜達幾維阿世界地誌作瓜他揹維兜地學作夸達克比爾外國地理作昆比路上源出西班牙南土大山即阿耳巴西特界刺塞拉峰二水合西偏南流受自東南來水值熱音北西流經哥爾多瓦南西偏南流有一水自加拉拿大西流折而西北來會又西偏南過塞維里亞城東折而南偏西流入大西洋世界地學稱注地中海者蓋是河入海處正地中海與大西洋交滙耳亦西班牙南境水

厄波羅河

即萬國史綱目伊伯路加塞其略地至此萬國圖作厄勃洛世界地誌作哀部祿全志作哀伯羅外

國地理作耶布路源出坎塔勃力山在不爾厄斯北東南流至薩拉尼撒界受北自鵝利尼土出來加列哥河水又東偏南折而東流稍南流有北自鵝利尼土山來西格里河西南流經臘伊達界合數水來會南流折而東流受南來一水穿東界大山折而南又東流入地中海曰厄勃洛河口即括地略巴爾塞羅內河口

呼卡河

學會圖作周喀尒上源出西班牙東方大山即些拉內法達最北高嶺與泰賀河分水西偏南流經坤嘎城西南流西距瓜低阿納河上源不遠東流曲曲有喀布里厄耳河亦自東方大山三源合而南流來會又東折而東偏南流經瓦連西阿界曲曲東北又東流入地中海

西古拉河

學會圖作塞古拉上源出暮阿西阿北界山中南流折而東流東偏南流轉而南暮阿西阿城即建

河濱東偏北流入地中海是河與厄波羅及呼卡河同爲西班牙東界三水

比士開雅灣

異名見前居西班牙北方與法共海即大西洋水曲入處南有皰利尼士西迤之坎塔勃力及里安等山爲灣內屏障

直布陀羅海峽

地理問答作支伯拉德海腰萬國地志作其勃來推紫若萬國與亡史作西由幾漢文圖作濟白老透括地略作及布羅陀世界地誌作吉布拉爾他派地學作計布蘭達外國地理作治布路的在西班牙南即地中海西通大西洋處南與非州摩洛哥對英領地英於西班牙既領此峽於意復領細細里島南之馬耳他島於東土更領居比路島海船往來地中海不虞煤食所以扼海權也

地中海

西班牙正東東南西南皆是南與非州西西北共海東與法蘭西西南共海

大西洋海

東遊記稱西人名阿蘭滴洋西葡二國正西西南西北皆是葡萄牙西面大西洋遙與北美大陸正相對

附土角

剔拉法耳嘎角

學會圖作特拉法耳加西洋史要作惕拉華耳加海西面爲西班牙極西南隅英人破法海隊處此角東南即直布陀羅海峽

葛塔角

葛國地志作挾他岬學會圖作加大角値西班牙南方爲南端山盡處在亞耳美里灣東

非匿士提阿剌角

學會圖作非尼斯特里、萬國地志作菲尼斯攊來、地理問答作斐尼斯曇勒、爲西班牙西北隅著名海岬。

鄂剔葛耳角

學會圖作俄尒地高耳、地理問答作俄第嘎勒、爲西班牙極西北隅。

羅喀角

萬國圖作達洛卡角、在葡京力士本西北。

三維因信角

地理問答作散分森德、漢文圖作散分桑、爲葡極西南隅。

瑞挪嗹三國山水海地所在

司干第那維亞山

即在司干第土股內。全志稱英國三島。即是山餘脈西南斜出者。

道發陵山

萬國圖作楚倫地理問答作基頟倫學會圖稱基阿連山脈。世界地學作克窩鄰地誌作克窪連。亦作克奧亷。外國地理作其靈山勢自北至南逼貫全地。爲瑞挪界。別山東瑞典。山西挪威。以外岡阜皆此山蔓衍支出。瑞典本土河港。亦皆發源此山餘脈。五大州志作得哇兒夫以爾得學會圖作息尒非耳得。又在挪威界上。起伏海中。成無數島嶼。西人稱峽灣。

杜付利山

外國地理作刀古路。在南特倫嚴界。即道發陵山分支。

哈丹加山

因哈丹周部得名。卽萬國圖哈麻部也。在卑爾仁城界上。亦道發陵支分。

托阿尼阿河

上源名慕鄂尼阿。平方圖作木昻約。出特隆蘇界楚倫大山東麓。二源合而東偏南流。曲曲西南。始會托阿尼阿河也。是河上承同名湖水。卽圓球圖叨孑尼阿。平方圖多爾尼亞。與上源合而東偏南流。入泊得尼灣。以城名。

喀禮士河

一作加黎塞利。學會圖作喀里克斯。承自道發陵山東麓湖水。東偏南流。經挪阿渡敦界。折而南。瀦爲湖。南偏東流。入泊得尼灣。河口曰海泊蘭多城。

士拖列魯利俄河

圓球圖作魯里阿學會圖作斯它拉魯勒．上源承自道發陵東麓魯勒湖萬國圖作士拖列魯剌俄湖者經挪阿波敦界．自湖出東偏南流．經魯剌俄界．入泊得尼灣．河因城名．即平方圖魯勒．

辟提俄河

始源曰碧斯喀．自道發陵東麓．聚數小泊．自泊出經那阿蘭界．東偏南流．至辟提俄界．入泊得尼灣．河因城名．即平方圖碧的．

士刻列夫提俄河

圓球圖作斯開來夫提俄平方圖作斯克勒佛的上源承挪阿蘭界士拖克湖．東偏南流．又東流經士刻列夫提俄北界．入泊得尼灣．河因城名．

烏米俄河

平方圖作烏彌亞．上源承自道發陵山東麓士拖烏曼湖水．東偏南流．經威士塔波敦界．折而東北．

有自西北大山來之文特耳河，亦經威士塔波界，東南流來會，又東偏南，經烏米俄界，入泊得尼灣，河因城名。

翁甘安羅河

平方圖作安格曼斯，上源自威士塔波敦西北界道發陵山，東偏南流，聚爲數小泊，自泊出，折而南偏西流，又東南，至諾尒蘭，有西北自奧斯透恩蘇湖流出水，東南流，折而東北來會，東流，又南偏東流，曲泊得尼灣，趨波羅的海，河口即黑阿奴孫城。

印多耳士河

圓球圖作英咎斯，即星得斯，上源承自道發陵山東麓二泊，合而東流，經烏士特孫界，南流，又南偏東流，有自士拖索湖流出水，經嚴特蘭界，東流瀦爲湖，自湖出，東流，曲曲來會，東偏南流，由泊得尼灣，趨波羅的海。

留士乃河

圓球圖作力伍斯乃平方圖作留斯厄亦自道發陵山尾嚴特倫界發源南偏東流瀦爲小泊折而東偏北流經痾德羅南東偏南流經葉夫纍界東流入波羅的海

多耳河

圓球圖作道耳學會圖作達耳厄耳夫分東多耳西多耳二水東多耳自道發陵山尾東南流滙爲西耳仁湖自湖出曲曲南流至科堡部法隆城西南西多耳河亦自山尾南流折而東流來會又東流河北有湖折而南又折而東北入波羅的海河口即葉夫纍城

格隆門河

學會圖作格倫民萬國地志作喝落門云可航大船五大州志作古羅磨門出哈麻界道發陵山分出支脈上承湖水東北流折而東南經哈麻界又東南瀦爲湖自湖出合自北來西南流水南偏西

流。挪威京城在河西。又南偏西。入波湖士灣。尚有西北出自哈丹加山二湖水。並南偏東流入焉。

厄約納湖

卽瓦肋。在臘魄蘭部北界盡處。自湖出。入北冰洋。互見俄國。又西。有塔納河。亦北入北冰洋水。流域在芬瑪克東。沒名同。

維內湖

歐州圖考作懷訥。卽闉納。萬國圖作威拿。圓球圖作外耨。上承北自南特倫嚴界道發陵山南流之喀拉河。卽學會圖格刺河。及南來一水。滙成瑞典南界大湖。其自湖西流一水名魚塔河。圓球圖作果塔。西偏南流。入於嗹國界上海峽。河口卽魚塔堡城。

維得湖

地理問答作韋德。學會圖作威德尒。萬國地志作會推。萬國圖作韋塔。圓球圖作維透。値瑞典魚塔蘭北界，維內湖支津，亦東南與是湖相通。

美拉爾湖

萬國地志作墨拉，瑞典都城即建湖濱，湖上承自西北來水，世界地學作馬拉鄰河，平方圖作達拉爾河，即全志麻搭拉，稱維得湖水，可由是河入波羅的海。

泊得尼阿灣

異名見前，在瑞典東北，與俄共灣，外即黃海。

波羅的海

異名見前，在瑞典東南丹瑪東北，即黃海也，上承泊得尼阿灣水。

波湖士灣

在挪威京城南方，五大州志即作若里斯鮮尼，北承自挪威京城左右流出數水，西南出即北海，南出卽加的牙峽。

加的牙峽口

萬國圖作卡提葛特。學會圖作加約牙。五大州志作加鐵薔特。爲丹瑪都城港內狹口。卽西征紀程之赫爾哥森隘口。志略之宋德海港。外國地理作伯路切古要港。因其爲出波羅的海最狹口。故得是名。

士卡嘎拉克岔

地理問答作斯嘎革拉革。世界地學作斯格爾拉海。地誌作薩楷辣克。卽波湖士灣西南出者。值瑞典西南。挪威正南。丹瑪。魚耳蘭正北。乃北海曲入處。東南通加的牙峽。

北大西洋

學會圖作斯堪的納維安海。挪威西北方皆是。

北海

在挪丹二國西南，西與英蘇二島共海，東南與荷比德共海。

附土角

北角

在挪威芬瑪克，即肥引墨北方，居北冰海中，爲馬嘎路島，即圓球圖麻勾魯歐島一土角。又西偏南島，圓球圖作梭魯歐，即學會圖索羅，萬國圖蘇路。

那士角

地理問答作那色，圓球圖作那苑，在挪威西南角外，即北海。

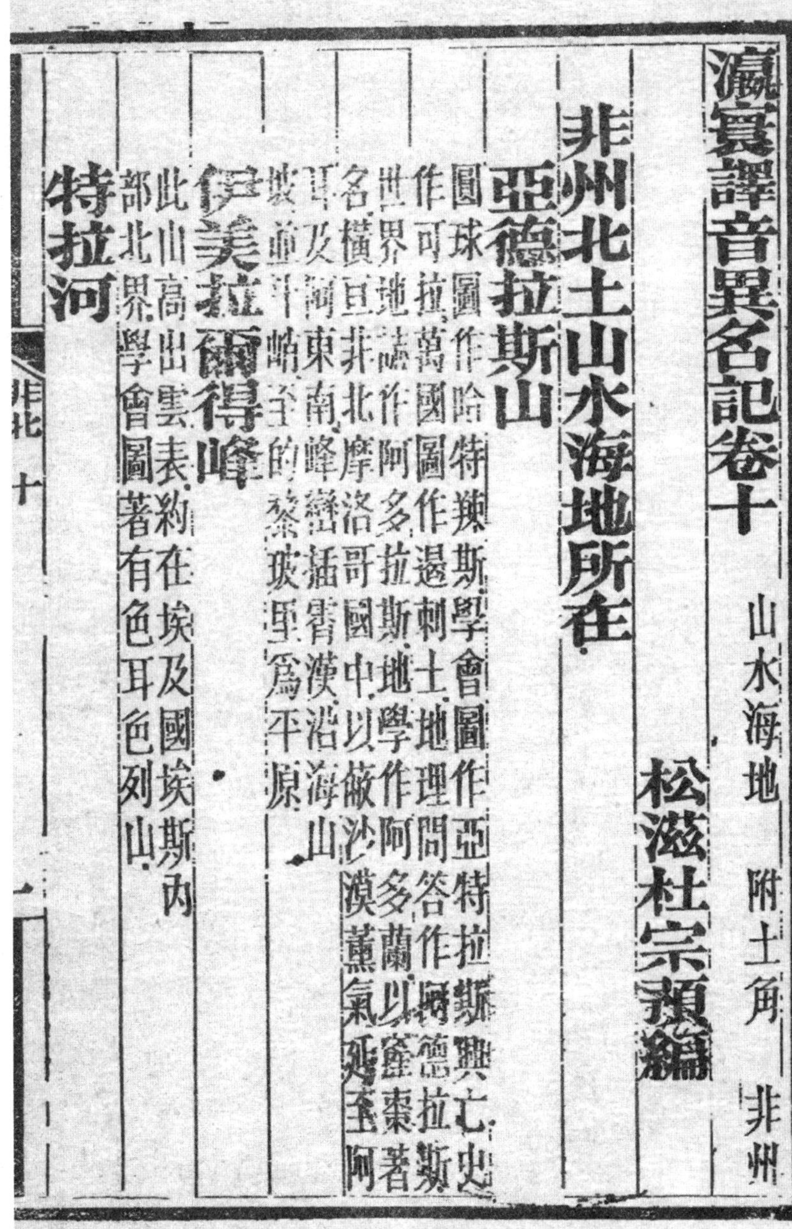

瀛寰譯音異名記卷十

山水海地　附土角　非州

松滋杜宗預編

非州北土山水海地所在

亞德拉斯山

圖球圖作哈特拉斯。學會圖作亞特拉斯。輿地史作可拉。萬國圖作遏剌土。地理問答作阿德拉斯。世界地誌作阿多拉斯。地學作阿多蘭。以至東著名。橫亘非北摩洛哥國中。以蔽沙漠薰氣。延至阿耳及阿東南。峰巒插霄。漢沿海山。坡迤斗峭。至的黎玻里。爲平原。

伊美拉爾得峰

此山高出雲表。約在埃及國埃斯內部北界。學會圖著有色耳色列山。

特拉河

非北　十　一

萬國圖作德拉源出亞德拉斯山經摩洛哥西南合數水西流入北大西洋河口可望加那列斯島

的內河

在非北的黎波里界帀岸頗有腴壤

尼羅河

括地略作巴勒拉比亞大河以其上源自巴勒嘎山來也漢文圖有碧尼羅地理問答作白尼勒亦稱白奈路萬國圖作白泥耳黑流史作來衣云教徒曾坐此河島上圓球圖作那爾亦稱巴阿比阿得世界地學作奈路外國地理作拿依路從非南維拖利阿大湖發源會諸流縱貫全地沿紅海西岸北流轉而東北曲曲西北又北流計經科多番努比阿埃及開羅等地入地中海兩岸田河水每歲一漲且糞且溉西人謂爲天下第二河志所合藍尼羅河即碧奈路萬國地志作青奈勒志略作巴勒那塞各平方圖作藍河圓球圖作巴喭斯勒又一河萬國圖作遏巴利圓球圖作喭特巴拉學

會圖作阿德巴拉均東南自阿北西尼亞界西北流來會者也

蘇以士河

即新開河括地略作雖爾斯西洋史要作司愛汝古埃及地泰西新史作蘇彝士東遊記作蘇爾士漢文圖作蘇士運河地理問答作綏斯相近有綏斯海腰圓球圖作蘇愛斯峽平方圖作蘇伊士灣河為法人留瑟郎賴賽朴斯東游記里息勃斯所開河中段有廷莫薩湖歐人自西來者徑由此河達紅海下印度洋不必遠涉大西洋至好望角也在埃及東北紅海北地中海東南尼羅河口東為亞非二州分界之區

波加斯湖

在突尼斯界都城即建湖濱高阜上

塞參蘭灣

地巠當學會圖格羅西灣外國地理作詩多拉萬國圖作昔得剌萬國地志稱爲得利薄里界上西特拉漢文圖作昔得拉平方圖作昔德剌乃非北地中海岸中央曲入處東北即便葛西海口

加別士灣

亦非北地中海岸中央曲入處平方圖作加卑斯萬國地志稱爲且尼斯界上愷皮斯圓球圖作喀耳斯外國地理作嘅布士地巠當學會圖克雷丙灣

亞布喀灣

西洋史要稱一作尼羅河口法志作亞布格港泰西新史作亞布其海口世界近世史作亞比加英將鼐利孫邀擊拿破崙戰艦處當距學會圖波特塞得不遠波特塞得一作彼得西得一說即紅海東北亞喀巴

地中海

非北埃及的黎波里巴巴利在海南摩洛哥阿耳及里突尼斯在西南

紅海

在埃及努比阿阿比西尼東產珊瑚下游即阿丁灣灣西北有英占丕林島甚操形勢學會圖作拔林島之西南有俄布克當即近世史亞克昔時拿破崙欲扼此險窺印度

附士角

斯帕臺角

五大州志作雪烏他岬在摩洛哥北亦作斯巴德拉

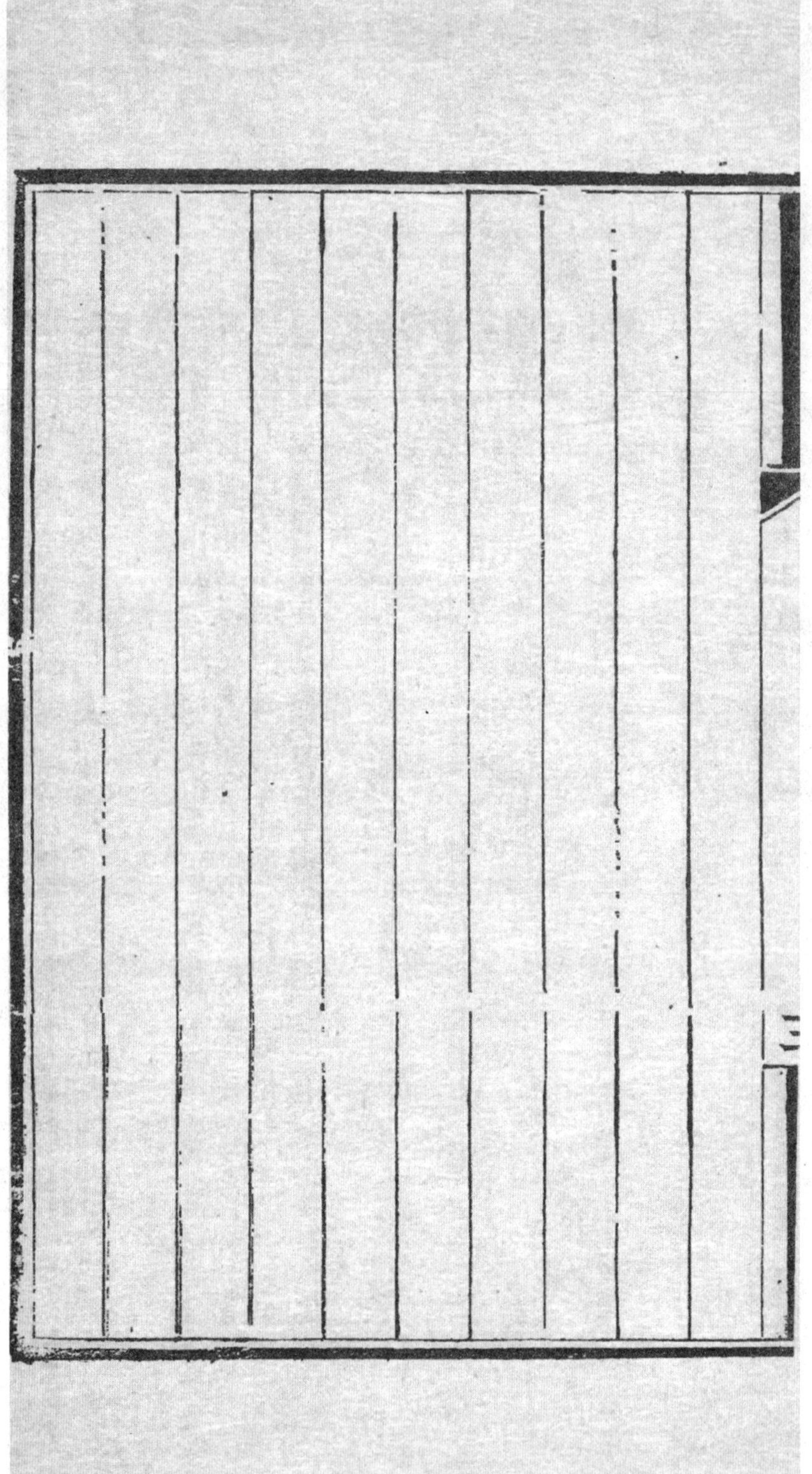

非州中土河湖所在

若利巴河

志略稱蘇丹大水之一。似即學會圖洛戈內。北流入察德湖者。

哥拉河

萬國圖作察答地理問答作雜達。上源全志圖作皮紐。學會圖作比奴伊。圓球圖稱名本紐伍。出蘇丹阿達麻瓦界內。二水合而西流經雅可巴南。合數水。又西流與下乃楂河合流入海。萬國圖稱自入基尼灣誤。

尼日河

括地略作尼日尒。萬國圖作乃楂。又名濶剌。萬國地志作奈其亞。地理問答作奈遮。圓球圖作乃勾。又名雅里巴。亦名庫拉瓦。世界地學作尼設爾。地誌作尼基爾。漢文圖作那以加爾。外國地理作拿依詐源出庚山北麓東北流經邦巴拉馬辛得田可吐各部折而南偏東流經干度五大州志稱英領者伊內特里透里又南經備年等處五大州志稱英領者伊內海岸入於堅尼海灣河岸田水灌多腴長約七千五百里圓球圖稱此河過干度境合三水東自索科多來者名麻愛阿老江學會圖作薩科多一自雅可巴來一即察答河

察德湖

一作遮德亦作雜德地理問答作乍德漢文圖作在得世界地學作卡多在備嘎米西北波弩東北自南來入之水名沙里江學會圖作剔里即沙利合數大水經備嘎米北入湖自西來入之水名克河出索科多界經波弩東北入湖湖東南有斐特里小湖正南阿達麻瓦等部富山陵遠東蘇丹國東若達爾夫耳科多番南亦皆巖谷幽邃岡嶺壁立學會圖稱黑得拉山

非州東土山水海地所在

阿比西尼亞山

在阿比西尼亞界以國名爲非州東北境大山全志圖即以此爲月山

巴勒嘎山

即地理問答月山學會圖姆豐伯羅山在維掩利阿及阿耳八奈二湖西北白泥耳河自山北流公領河自山西南流也其他索麻利西南境加爾拉北境均重岡疊起尚雄踞巴勒嘎山之上

革尼亞峰

萬國圖作怯呢阿世界地學作格尼阿地誌作楷尼亞圓球圖稱即月山在桑給罷西北嘎拉士南下與刻力曼扎羅山接

刻力曼扎羅山

學會圖作乞力馬尼扎羅，圓球圖作給力曼雅羅。地理問答作基利滿乍羅，世界地學作克利門架爾，地誌作克湼孟嘉，在桑給罷西，上接華尼亞峰，下貫魯巴達山，即萬國地志開立瑪掘羅，稱第一高山者，西北隅湖，望巴勒嘎。

魯巴達山

圓球圖作白辣克，亦名月山，在桑給罷與莫三鼻克之間，東屏莫三鼻海峽，又迤而西而南，即圓球圖魯帕搭山，學會圖作羅布木波，東屏索發拉海灣也。

亥內斯河

漢文圖作海恩斯湖，稱不入海，較其地望，即學會圖之威比西達馬，萬國圖之委比典挪克，在索麻利界，東偏南流，至馬葛度素，入印度洋。

菇巴河

萬國圖作如巴學會圖作鄂莫圓球圖作周白源出加爾拉北境大山東南流折而南經其東入印度洋河口即周巴城

魯魯阿河 魯阿拉巴河

二河似在烏魯阿郎麼羅瓦土番界內自流自止或潴爲湖不入海 郎據學會圖魯魯阿郎盧盧亞河會阿拉巴郎盧比刺失河均西北流合喀賽江入公額河之水

第約革河

上源數水則瀦爲訥嘎米湖圓球圖作恩該米平方圖作軋密自湖出下游於馬可羅羅西南界自行自止乃圓球圖别俄基江平方圖湯刻河西一源乃圓球圖麻吐坡江也

三比西河

地理問答作散備西漢文圖作三非西圓球圖作森拜蒐世界地學作查別西外國地理作三比詩

上源名彎備西出公額自由國界與公戈河分源數水合而東南流經馬可羅羅土番界折而東北經摩諾摩達巴北東流又東南流過莫三鼻克索發拉二國間東流入於莫三鼻克海峽

薩那湖

世界地學作塔拿學會圖作察納全志作代比亞一名亭別湖碧奈路河發源處在阿比西尼亞首府椎達之右

阿耳八奈安薩湖

西征紀程作阿耳伯特萬國地志作愛耳勃得學會圖作木坦地理問答作阿勒伯尼安薩世界地學作阿爾比爾外國地理作二晏詐附近巴勒嘎山

維拖利阿奈安薩湖

西征紀程作威克多利亞學會圖作模大地理問答作斐多利亞尼安薩圓球圖作伍扣來爾即斐

克拖里唵那愛安薩又名韋多理尼阿薩世界地學作比庫多利阿外國地理作比故多利亞世界地誌作維多利亞亮查與上一湖如瓜蔓相繫白泥耳大河發源處

坦葛尼卡湖

地理問答作旦干亦暖萬國地志作泰喝尼克與下一湖均公額河上源平方圖作坦葛尼喀圓球圖作但干伊喀世界地誌作湯格尼加地學作丹加尼墺漢文圖作單干泥喀外國地理作吞涯二加在上阿湖西南麼羅瓦土番東西南有湖地理問答作那主俄羅學會圖作半規俄洛外國地理作賓衛阿羅郎彭喝與落

尼阿撒湖

地理問答作尼亞撒圓球圖作尼阿昔平方圖作尼亞西世界地學作尼阿薩地誌作夜薩外國地理作二壓沙在莫三鼻西湖南郎施阿瓦湖平方圖作什余瓦文南郎三比西河

紅海

非東索毛利等處在海口西南西北即亞丁灣亞丁西北即巴比耳曼得水峽海口外即掃科特拉大島

印度洋

即紅海及阿剌伯海尾閭亞德鄂馬桑給罷莫三鼻索發拉均東距此海非南杜蘭斯蘇贊加弗勒甲及峽杖木南距此海也

莫三鼻克海峽

圓球圖作摩沙比康地理問答稱摩散比革茲漢文圖作莫三鼻給在三比西河口東峽外即馬達莫土加島島外即印度洋以國名

附土角

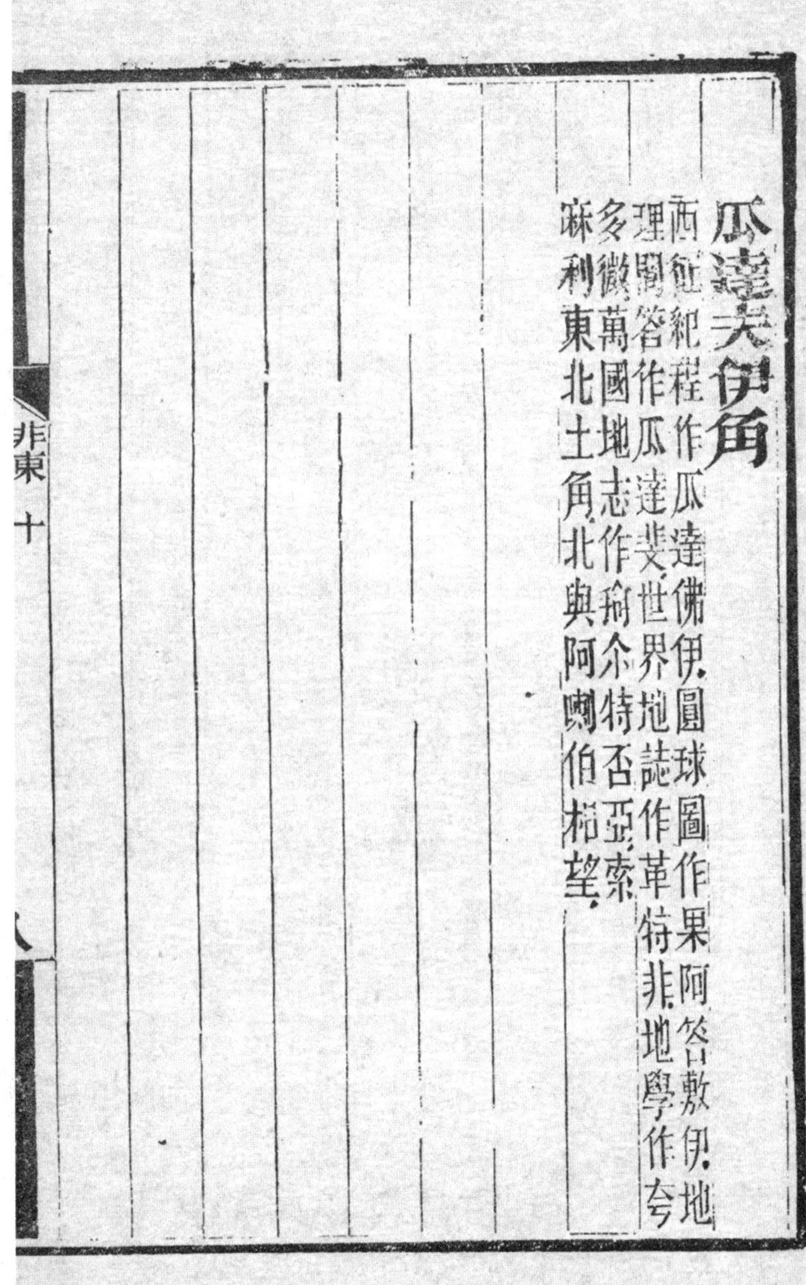

瓜達夫伊角

西征紀程作瓜達佛伊圓球圖作果阿答敷伊地理問答作瓜達斐世界地誌作革特非地學作夸多徽萬國地志作狗尒特否亞索麻利東北土角北與阿喇伯相望

非東 十

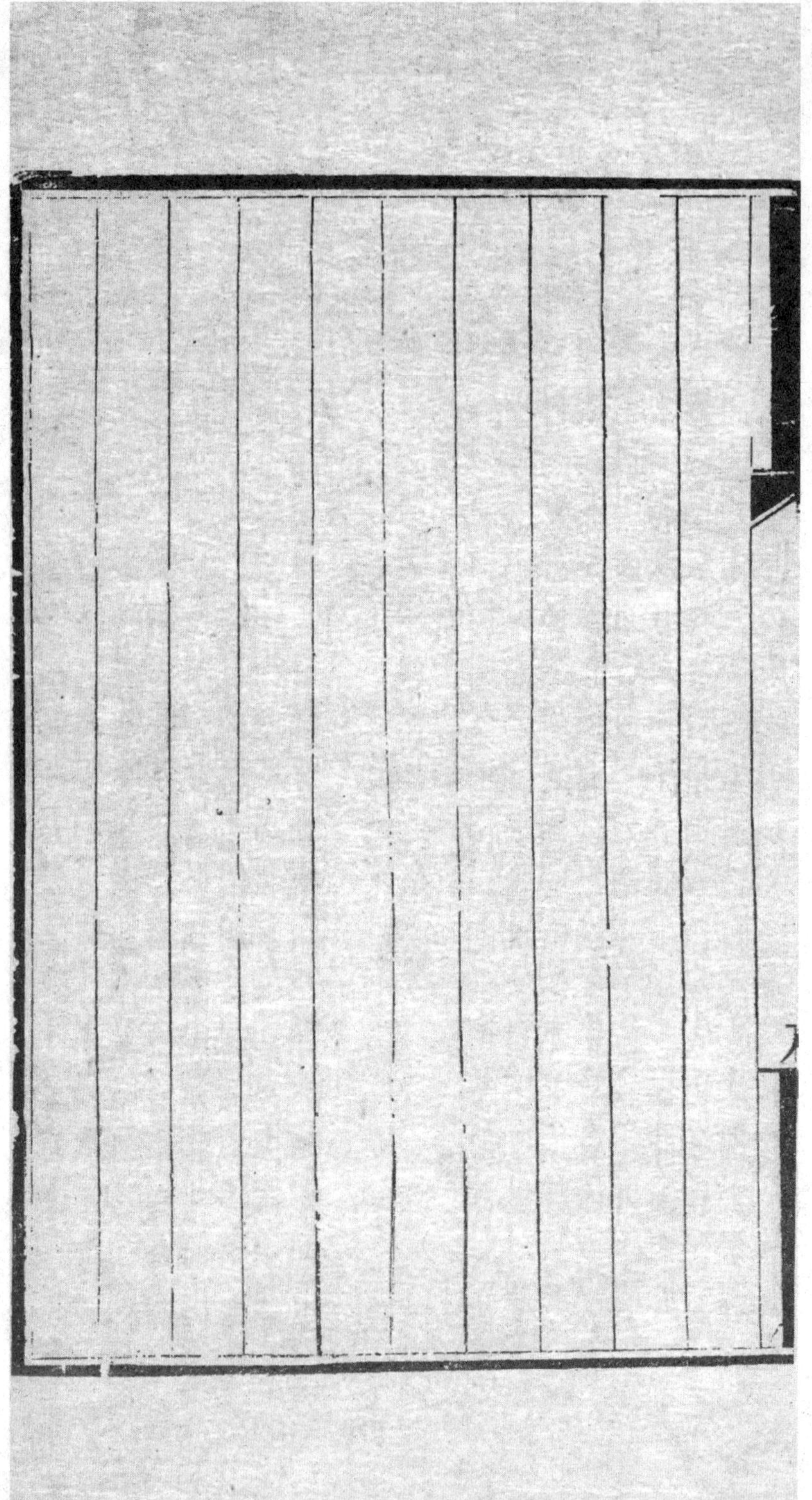

非州西土山水海地所在

庚山

萬國圖作公山圓球圖作康山萬國地志作康翁山世界地學作岡山學會圖作空格山地誌作哥昂山當即漢文圖哥利麻山爲蘇丹並塞內岡比亞分界幟別志略稱塞內岡比亞東南山嶺重疊者是也西北謂之羅麻山東謂之塔薩山又幾內亞比大山與塞內岡比亞爲界別者即公山藐蠻東出之脈英人新闢地曰些拉雷俄內又名獅山者其地亦岡阜重疊即名獅子陵並公山所支分

葦利斯達山

萬國地志作克密林斯在比阿弗拉界居幾內亞南邏邐達於公額即學會圖喀麥隆山漢文圖哥迷倫山脈圓球圖開謀魯恩志略又稱公額國東境山岡重疊萬派發源按公額河東有坦葛卡

湖附近有巴勒嘎山志略所稱公額東境山岡爲巴勒嘎無疑矣

塞內加爾河

一作西尼甲近史作舍那加尒圓球圖作散尼告又作賽尼告萬國地志作聖納喝尒萬國圖作先尼葛耳地理問答作森伊嘎勒外國地理作些尼壓路在塞內岡比北源出公山又合南自公山來水西流入大西洋河爲法人所闢河口有礮臺埠市當聖魯易城流域在法領地

岡比亞河

圓球圖作軋母比亞萬國地志作釬姆皮亞源出公山在塞內岡比南賴比里阿北西流入大西洋河口臨夫里當即地理問答干比亞河塞內岡比亞國即合二水以命名

格蘭得河

全志作革蘭德又在岡比亞南亦出公山西偏南流入西洋河口外即比撒古羣島

孔額河

地理問答作庚哥，世界地誌作孔哥，萬國地志作康掎，萬國圖作孔戈，外國地理作江我，亦作孔果。上源即理溫斯登河，萬國圖作里芬士逼，出懸羅瓦七部東方大湖，西北流，合自東北來奔拜耳河西南流，與最上一源賚即漢文圖可塞河，平方圖喀賽圖，球圖開賚數水合而西北流，又西流而北各受數水，折而西北，南北又受數水，始與孔戈河合者，出曲西流，又西偏南流，經羅昂哥南曰康國河，入於南大西洋。

阿蘇拉參河

河濱有美人新闢地曰賴比里阿，西流入南大西洋。出末薩爾都河，以地名。

科安薩河

地理問答作哥安撒，圓球圖作科安果，學會圖作闗撒，數水合而西北流，折而西，又北偏西流，經南非合丁突東。又北流經奔給拉東。西偏北流經安果拉南。入於南大西洋。河口卽安戈剌都城也。

奴阿士河

地理問答作挪耳斯。圓球圖作奴耳斯平方圖作庫內尼。上源與科安薩河分水。西南流經南非合丁突北。受北來數水。西流。經葡領奔給拉南。入於南大西洋。

基尼海股

萬國圖作堅尼海灣。世界地學作幾里阿地誌作格尼亞。外國地理作忌二亞。萬國地志作其尼亞。以國名。在上堅尼南。灣外卽南大西洋。

大西洋

塞內岡比亞。西臨此洋。幾內亞。南臨此洋。又謂之南大西洋。公額國。在此洋東。並非南星卑巴西亞痾丁多的亞。暨蝦朴。均在此洋東方。

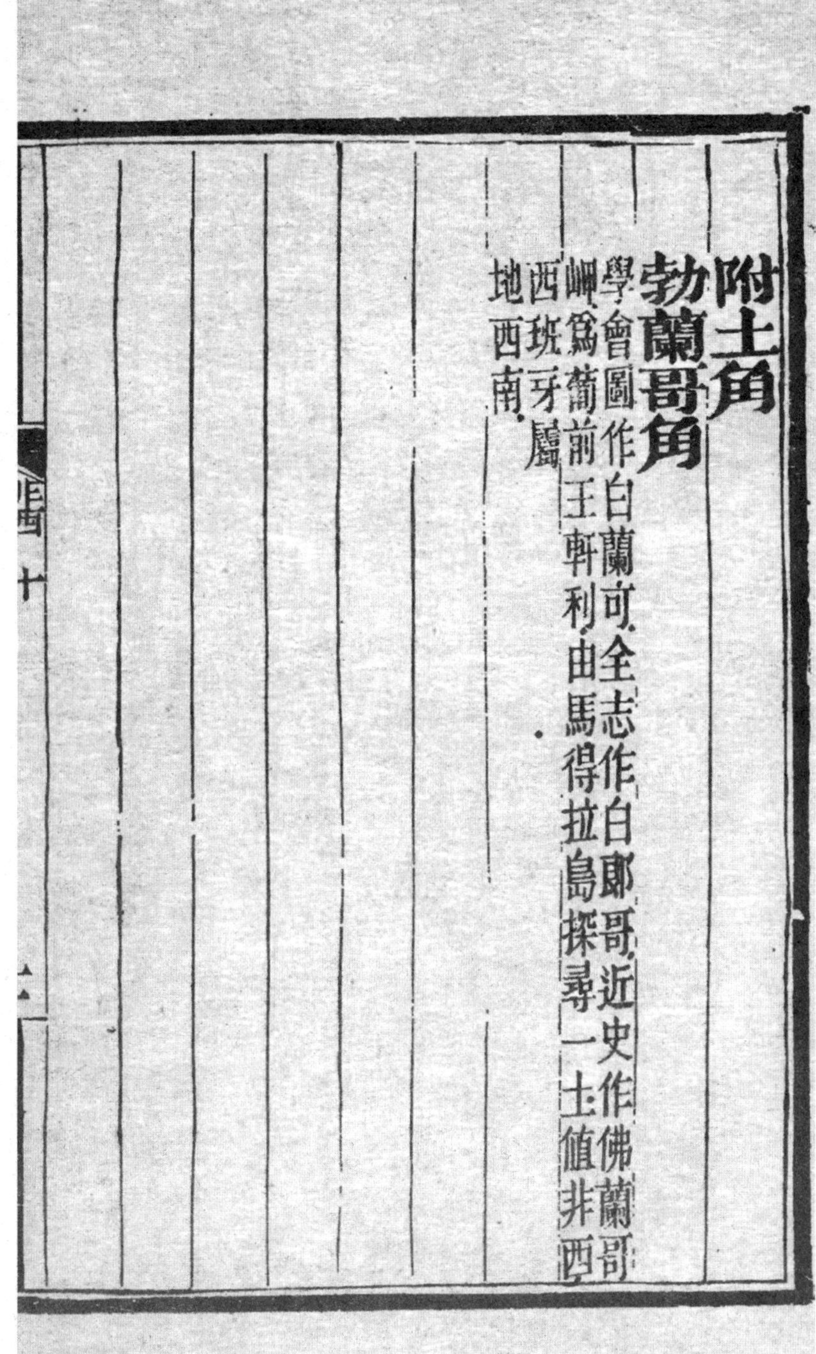

附土角

勃蘭哥角

學會圖作白蘭可。全志作白郞哥。近史作佛蘭哥岬。爲葡萄前王斬利由馬得拉島探尋一土。值非西西班牙屬地西南。

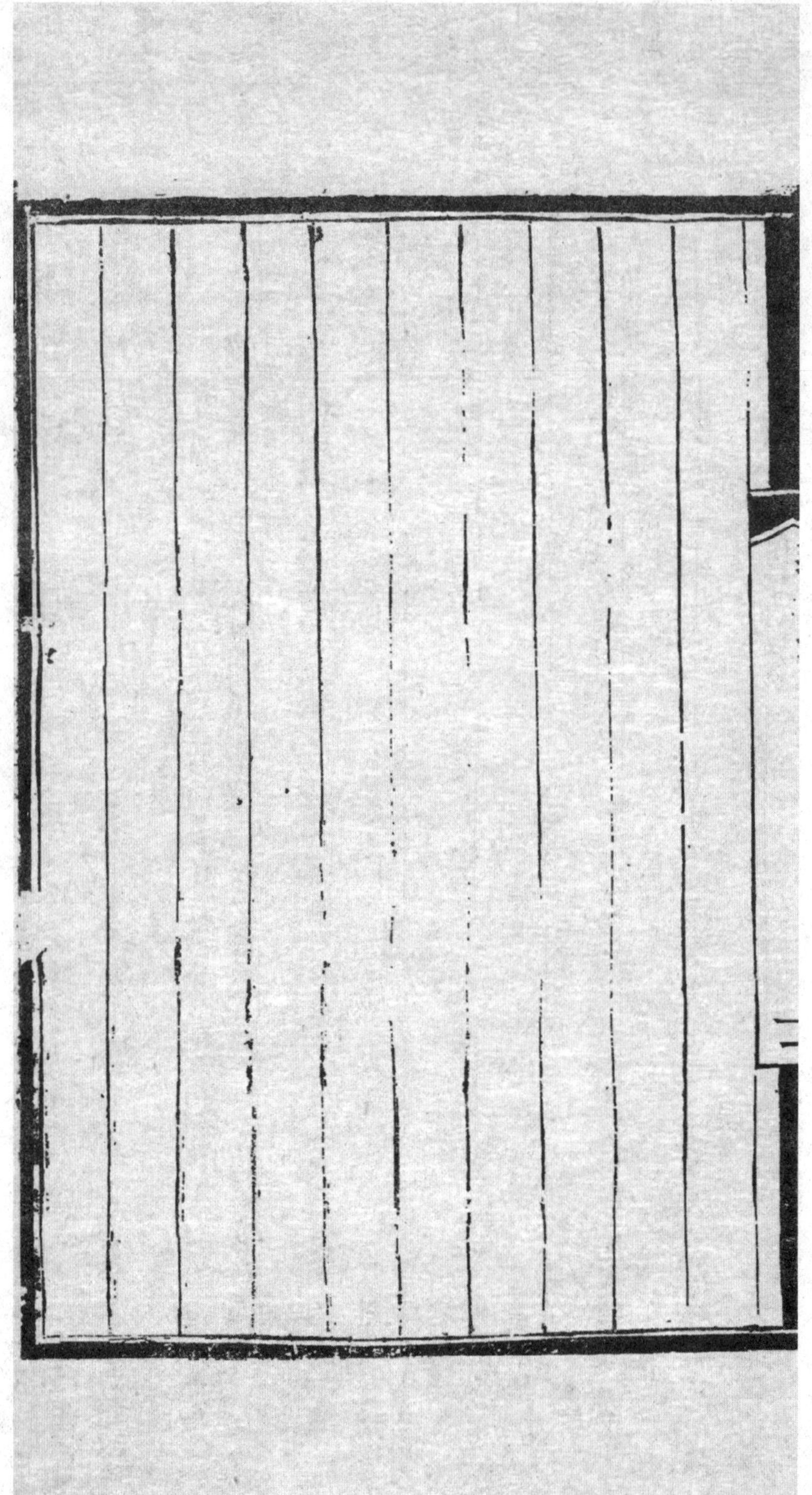

非州南土山水海地所在

夸蘭巴山

一作夸蘭壩。學會圖作喀蘭巴。五大州志稱馬孝那山脈。萬國圖作雪山。山脈遙與庚山相應。綿亘非南那達爾。加弗勒里。俄蘭齒。吸科崙尼四國間。吸科崙尼最為山嶺迴繞。杜蘭斯亦山嶺崎嶇。易扼守。

大浪山

即好望角。一稱達勒。一稱艮山。圓球圖作開魄奧夫固得和魄。吸朴敦城即建是山之麓。番謂山盡處為吸。故也。地形銳入大南海。為昔時歐羅巴東來必由路。轉東有土角。曰阿古拉斯。

疴蘭日河

萬國圖作鄂蘭齒。平方圖作鄂蘭吉。萬國地志作奧倫其。產金剛石。地理問答作俄蘭支。漢文圖作輿淩資世界地學作橋河稱處處急灘外國地理作阿叻洽上源出東境夸蘭巴山西偏南流折而西北合法勒河水稍南受南自加不北界撒克河水西偏北流有自北來諾索布河即圓球圖奴歸𣲗江合東北來莫洛坡河諸水西南流名布加普河來會又西經大那瑪瓜南又西北會自北來經那瑪瓜西界斐斯河水即學會圖格羅塞尒非什佛魯斯折而西南入西洋此河行三千里亦鄂蘭為扼要之區一說與此河分水東流者乃法勒河非是

林波波河

萬國圖作林頗頗圓球圖作力母坡坡外國地理作連破破上源距痾蘭日河流域未遠東北流轉而東流經特蘭斯北馬塔皐力蘭南折而南經索發拉西南又南入於印度洋河口曰哥林德斯角圓球圖稱為乙那母班江者

梭法拉海股

外國地理稱疏花拉灣，卽海水曲入處，在梭法拉東南岸，以國名。

德拉古阿海股

在蘇魯國東北，亦海水彎曲處。學會圖作德剌哥，全志圖作德拉瓜。

那太耳海灣

世界地學作拏達爾港，外國地理作爹拉我亞，在那達爾東，卽地理問答度耳班海口，學會圖稱納塔耳，又名德班，是也。

爺里散海港

世界地學作耶利沙別士港，學會圖作厄里薩貝斯嘴，全志作伊利沙伯，民居甚多，在英領峨科崙尼東南，為土產輸出處。以上灣港，均臨印度洋。

洼非社灣

全志稱在西南德屬內爲英殖民地學會圖作倭耳斐斯値達馬拉西南西臨南大洋海

維加哥拉山 附

學會圖卽作安白尒山在馬達加斯加大島北餘派施及唵巴角

昂巴的美內山 附

在馬達加斯加南餘脈施及聖馬利角馬達加斯大於日本昔人稱其中高山綿亘如脊萬笏紛排瀑布飛流數百仞者此之謂也

附土角

唵巴角 附

地理問答作安伯漢文圖作恩伯羅全志作安貝耳學會圖作安白尒馬達加北方土角

聖馬利角 附

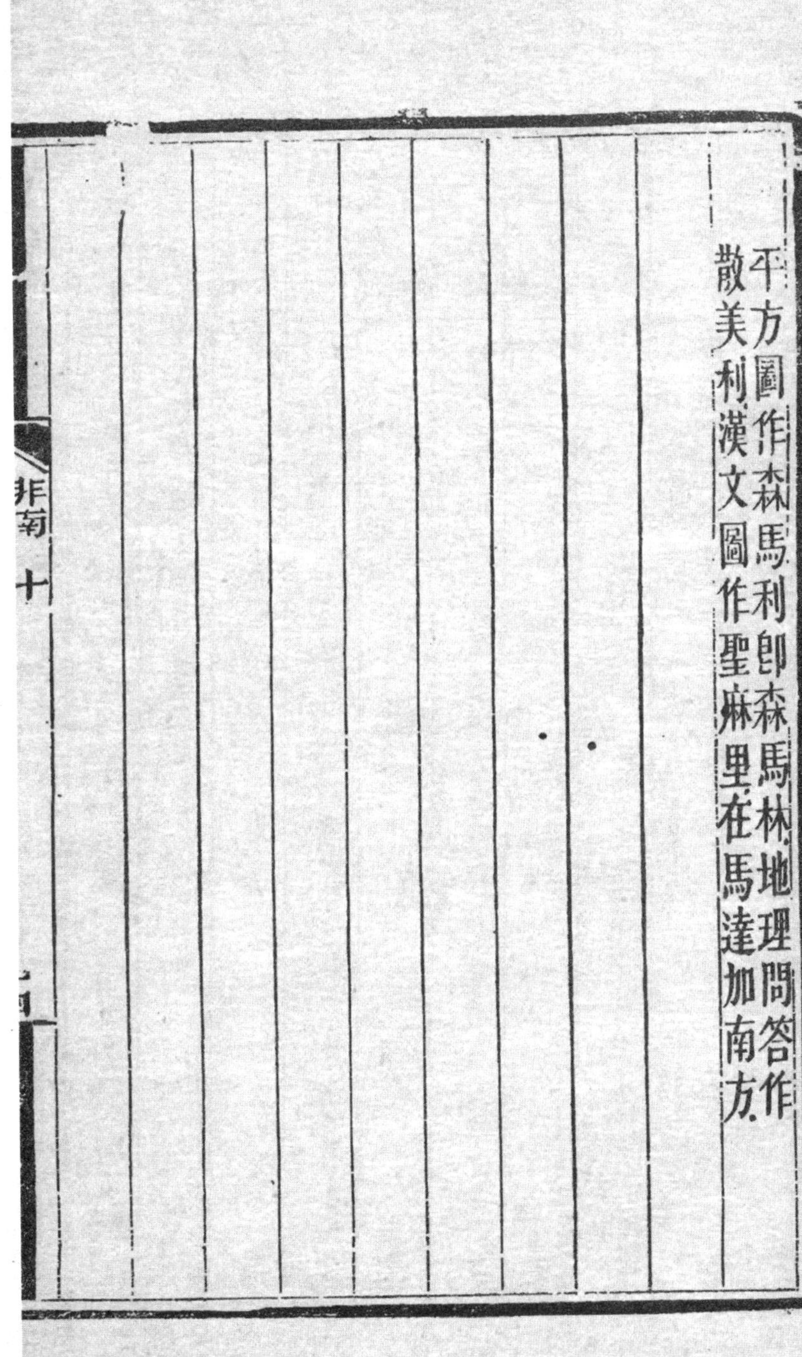

平方圖作森馬利，卽森馬林，地理問答作
散美利，漢文圖作聖麻里，在馬達加南方。

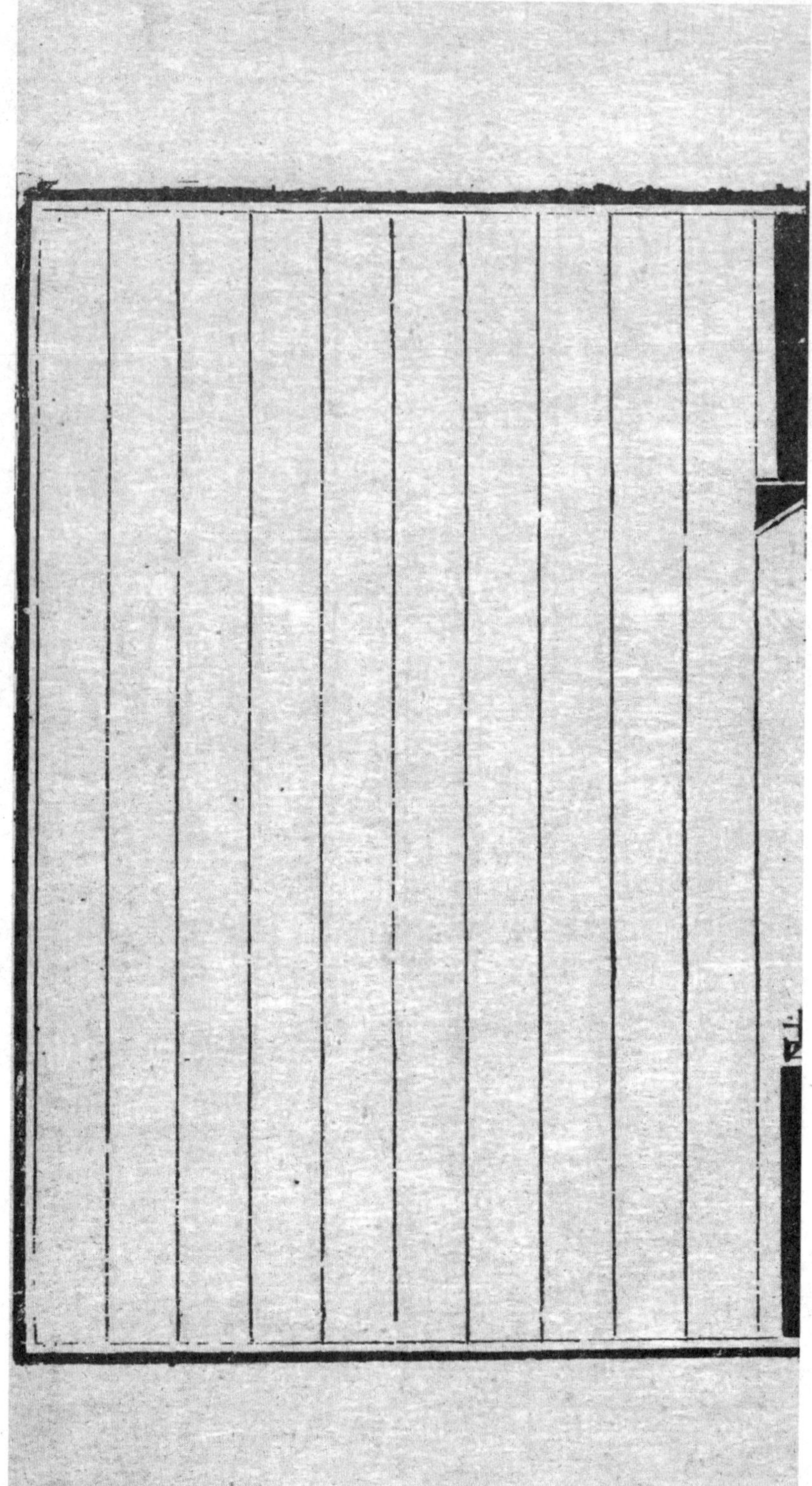

瀛寰譯音異名記卷十一

山水海地　附土角　美洲

松滋杜宗預編

北美氷疆及英屬河海所在

大魚河

自大奴湖流出，與抹肯西河分水，圓球圖作恰來得斐斯江，東北流為比幺湖，平方圖作碧翠學會圖作伯里，又東北為噶里湖，平方圖作加里，又東北入於氷疆之布第亞土股。

抹肯西河

最上源為阿他巴士卡湖，此河地理問答作瑪根西，平方圖作馬更些，圓球圖作抹開恩西，世界地誌作麥更基，稱惟夏季可以通舟，地學作馬根計，外國地理作馬領治，亦自大奴湖流出，與大魚河分水，西北流至心魄孫，東有自西南土的乾界來氏斯河，即圓球圖山江，合賴亞得河、布拉克河，並那哈尼河諸水北流來會曲曲西北又北流至悮曼寨東受東自大熊湖流出大熊河水曲曲北流至好望寨西受自東來尼薩河水西流折北受西南自阿拉士加山發出之配耳士河即圓球圖排耳河水又北偏東河中有數島入北氷洋河口曰抹肯西灣有省同名英新置

阿他巴士卡湖

地理問答作阿達巴斯嘎圓球圖作唵塔夊斯喀世界地誌作薩巴士加平方圖作遏塔夊斯喀下流爲大奴湖圓球圖作大斯來夫乃大魚河與抹肯西河上源最上流有阿他巴士卡同名河自西界亞尒伯特境落機大山東流承自西北來小奴湖水東偏南流折而東北又東流受自東南來水曲曲北流有批士河即太平河平方圖作比西圓球圖作丕斯亦西自落機大山東北流折而東流來會合爲是湖東南有鹿湖及窩拉士頓湖平方圖作窩刺斯頓學會圖作俄拉士敦相繫如瓜蔓支津並相通自阿他巴士湖出西北流水瀦爲大奴湖又受東南來數水爲大魚河與抹肯西河上

源．

哈森灣

地理問答作赫德森．萬國地志作海德聖．近史作
巴多桑．本法地．漢文圖作矦得森．平方圖作哈得
孫．外國地理作哈多桑．世界地學作租多孫．英志
作墨孫．海峽同名．在英美界內．灣東北郎數孫頓
島．圓球圖作北子安魄屯．全志作色但甲人學會
圖作數特汗普敦遜．遜東南．郎眞斯海灣．漢文圖
作齊姆斯．平方圖作惹米斯．萬國圖作簪美士島
其自西南來人水．有出温尼韃湖之尼耳森河
平方圖作訥佘孫．世界地誌作佘森．全志名內
勒森．及海斯河．西温河．並奧耳入遡河．水西温郎
圓球圖養浮恩．自東來入水．有小白河．大白河．
來梅因魯八河等名．大白河郎萬國圖大鯨．來梅
因河郎圓球圖東邁恩．平方圖東馬因．魯八河郎
平方圖留珀特．漢文圖魯部特．發源英屬窩几什
山．由米士他心尼湖流出者．自南來
入水．有慕斯河．郎圓球圖摹斯江也．

拔芬灣

地理問答作巴分學會圖作巴非英漢文圖作茇分世界地學作巴温在冰疆北的芬東南與丹屬格林灣遥對即外國地理伯夫燕北通冰洋南連大西洋

爹非士海峽

地理問答作德斐斯外國地理作特膾斯學會圖作達維斯漢文圖作代斐斯世界地學作達比士值拔芬灣下游出峽即大西洋緑島冰山由此峽下可觸碎汽船

狄斯科灣

島名同地理問答作第斯哥海股學會圖作狄斯可爲丹屬西革林蘭海水曲入處革林蘭鋭入北大西洋處士角萬國圖作非阿威耳漢文圖作緋耳外耳地理問答作斐偉勒學會圖作佛[illegible]威尒

北氷洋

氷疆北與西皆是。

坎拿大山水海地所在

窩幾什山

一作窩諾什亦稱窩几什在坎拿大東部值安他利奧及圭壁北方當亦落機大山自北南迤而東迤者

聖羅連士河

志略作桑羅稜索圓球圖作聖老崙斯地理問答作散勞連斯世界地誌作聖多廉士地學作善多林外國地理作升駝羅零斯最上源爲蘇丕利安湖次源承衣利安他利奧二湖東北流經鄂答瓦城東南又東北有鄂答瓦河郎大河上承鐵米士卡明湖水自北南流曲曲東南又東流合自北來葛提帑河及杜力夫里河東偏南流來會又東北分數泓經蒙特利耳界至三河城南受自北來謀力士河郎學會圖森毛里西河水又東北經圭壁南又東北河中有島至塔多薩城西南有自西北

來薩圭乃河合北來一水滙爲聖約翰湖復自湖出東偏南流來會又東北有區塔特河自西北承數湖水南流來會復有滿匿庫阿幹河即學會圖摩伊昔克自東北承同名數湖水南偏西流又南流來會又東北河面甚濶北岸尚受數水入北大西洋地理問答稱散勞達斯海股世界地學作善多林灣海口有安提哥土地大島全志作安替喀斯替

哈密耳敦河

學會圖作哈米得在坎拿大極東北隅上承阿什瓦尼辟湖東流折而東北值臘勃拉多南入於北大西洋河口平方圖作哈米得灣學會圖又作音佛克托奇

聖約翰河

出合衆國界大山東北流折而東南經梅因北南流經新勃倫士維克南東流折而南流入芬第灣河口值聖約翰城

温尼璧湖

地理問答作温尼備華漢文圖作温尼排格外國地理作灰二比故上源承西自落機大山發出二大河一曰北薩士卡察萬平方圖作北薩斯喀特徹温全志圖作撒斯嘎作完圓球圖作北撒斯刻儔汪一曰南薩士卡察萬均出西界亞尒伯特落機大山合而東北流曰薩加基温聖羅連水入焉通作薩斯喀特撒温地名同東流曲曲偏南流入湖自湖北出即東北流入哈森灣之尼耳森河也是湖南尚有自西來魁伯勒河合南來一水入焉亦以地名尼耳森河惟夏季可通舟

温尼璧哥士湖

世界地誌作威尼別古平方圖作温尼伯各斯漢文圖作温逆辟果斯外國地理作故離駝斯離値温尼璧湖西二湖學會圖地墊五歧

滿尼拖八湖

坎拿大　十一　五

漢文圖作抹尼拖伐全志作滿伊多巴外國地理作馬二駝伯學會圖作馬尼多巴以地名又在上二湖西南三湖均英屬北方地

蘇不利阿湖

地理問答作蘇比利耳萬國地志作蘇酖里亞世界地理誌作蘇必利爾地學稱休卑利爾淡水湖外國地理作亞比利亦作蕭比利阿路左近出純銅值合衆國維士孔新北偏東

密世幹湖

志略又作密執安地理問答作米西干世界地誌作密西岡地學作密西甘外國地理作詩加顏亦作味詩顏萬國地志稱密且更有運河與密士失必相通值合衆國密執安西維士孔新東

休倫湖

地理問答作瑚倫平方圖作休侖漢文圖作希吳瑘外國地理作阿路耶龍亦作鏈龍值密執安東

北二湖均與英屬坎拿大跨連。爲英美分界地。湖南美。湖北英。

衣利湖

即尼利。米志作以利。以志略作伊爾鼇。地理問答作伊利。漢文圖作伊里。世界地誌作伊黎。値合衆國倭海阿東北。密執安東南。爲聖羅連士河上源。有運河與倭海阿河相通。

安他利奧湖

米志作翁太利阿。志略作安剔伊鼇。阿全志作伊達可嘎。萬國地志作啞得利。地理問答作恩德臘。即阿衣羅乖。圓球圖作昂臺里俄。外國地理作安得里阿。世界地學作溫達利鷸。地誌作伊犂安剔鼇。阿爾有那伊那加拉第一瀑布。即全志尼阿加拉。米志乳加羅河。外國地理拿依也涯拉。値衣利湖東北。亦聖羅連士河上源。二湖亦半在英界。半在美界。在美者。又有亞非剛加瀑布。

聖羅連士海灣

即聖羅連士河出海處上
流河北岸尚有龍蝦灣也

芬第灣

圜球圖作芬氏學會圖作芳池值新勃倫士維克
並諾法士科西亞中間灣外即北大西洋有大馬
南島

美國山水海地所在

押罷拉旣俺山

萬國圖作阿力汗尼郎華盛頓山地志作亞來鎔尼亦作亞拍來慶云產煤最夥近史作亞力加尼外國地理作壓伯刺西安地理問答作阿利革尼世界地誌作阿奈加尼地學作阿列堪尼在美東斜亘至諸繁盛之邦由紐約東至賓夕爾萬尼阿經微晉尼阿阡的伊東直達佐治阿北阿拉巴麻東北至密西息比而始盡產煤並石油

落機大山

萬國圖稱郎石山地理問答作羅基圓球圖稱一名老給泰西新史作羅綺稱爲金銀結成外國地理作羅期自阿拉斯嘎山系而來由北至南直貫美國西方全境附近皆因底土番雜居郎蒙坦拿科羅刺杜士人地等部科羅部又有革雷高峰志略稱在山東者爲威斯頓達多里及威斯頓底特

力二部在山西者爲阿里顏達多里一部是也。

阿拉斯嘎山

在美屬阿拉士加南。漢文圖作阿拉斯喀。萬國圖作阿拉士加。當即世界地誌科地奈那山脈。在落機大山西北。爲落機山與些拉內法達山主峰。又世界地學稱阿拉士加境上有善多耶利阿山。平方圖作聖以利亞斯。學會圖作森厄里亞士山峰。世界地誌作聖多阿士峰。萬國地志稱聖衣里斯火山。圓球圖作聖愛拉斯。即是山之最峻者。西南臨海。又南乃肥介委塔峰。

羅安昨布山

值阿拉斯嘎山又北。落機大山又西北。平方圖作羅曼昨夫。圓球圖作羅曼掃夫。東逼抹肯西河入海口。又西北。爲育空山。以河名。乃落機大山始祖。亦在美屬阿拉士加界。

喀斯喀得山

全志作嘎司開德云在美國與干阿達交界處萬國地志作客斯克特外國地理稱加斯嘅山脈當郎阿拉嘎西南分支五大州志又作加斯開伊得者

些拉內法達山

學會圖作塞拉內華達上脈郎喀斯喀得外國地理作西詩刺尼湼德世界地學作西拉刻巴達稱內有約設邁得谿奇景亦自阿拉斯嘎劈支在落機山又西自北至南遍近太平洋海北由美屬阿拉士加南行繞英屬科隆比阿南至嘎利佛尼再南郎墨西哥火山與落機山實一脈相連郎世界地誌賽納維敦萬國地志稱客斯克特西拉納維特兩連山者

白山

在經罕什爾國界積雪常年不消

曼士非爾大山

學會圖作綠山在洼滿的國界茂杉木冬夏常青洼滿的卽譯言綠山也

波威爾士山

在勿爾吉尼阿界此國幅員最廣山亦境內最大之山

黳魯山

在北喀爾勒那西北爲最高山迤邐至於南喀爾勒那高四百餘丈學會圖似作義竜

阿薩麻薩尼大山

在阿甘色西界此山之外其國餘悉平土

猶根河

世界地學作由鏗地誌作尤康平方圖作育空圓球圖作堯康下流當卽萬國圖規齒拍克平方圖虧齒拍克圓球圖魁齒拍克上源隔山卽抹肯西河流域此河北流經合衆國屬地南名列滅斯河

有東南自落機大山發源珀理河上承數湖水及自落機山來馬克默蘭河水合而北偏西流來會西北流合自西南來灰特河水北流合自東來斯特瓦特河水名育空河又西北與東南坡若拍因河會西流經阿拉士加南折而西南又西北折而北入卑令海峽 河口即諾頓海門平方圖作諾尒頓門一作諾尒屯灣 有省同河名英新闢

因蘭河

平方圖作英蘭又稱奴那塔克亦在合衆國屬地界北流折而西流偏南流入卑令海峽流域又在猶根河北

庫士科苦因河

外國地理作沙斯加嗟溫平方圖作庫斯可若因漢文圖作庫斯科分世界地學作棱加其文出阿拉士加北山西西北流又西偏南流入墨嶺峽注太平洋流域在猶根河南河口又南即白力斯遜大

美十一

灣萬國圖作勃利士秃耳灣學會圖作布里士拖尒　漢文圖似以猶根河當之

科隆比阿河

志略作哥隆比亞亦作戈攬彌阿世界地學作科蘭得地誌作科倫波外國地理作蓋龍比亞上源有出落機大山蛇河平方圖作斯納克學會圖作士拿克或勒威斯河西偏北流合西南自些拉内法達山發源水乃最上源也北流偏東合東自落機大山發源撒門河平方圖作薩尒明部學會圖薩尒曼河水北流折而西有自英屬科隆比阿界上發源同名水西南流經新委士民士特城東曲曲西流又南流來會又西流穿些拉内法達山折而北又西入太平洋河口北埜萬庫法島　蛇河及撒門河與密蘇利河上源隔山分水

夫拉薩河

全志圖作弗雷色流域在科倫比亞界中流合南來普拉薩河折而西北又西流合數水南西流

又西流入太平洋正値科倫都城北爲美與英分界水

密士失必河

萬國圖作密西息比地志作墨斯西配漢文圖作米西西比世界地學作密士西比外國地理作咪斯詩必源出美北依大斯加湖郎學會圖作大喀世界地學意達士加萬國圖則稱上承溫尼璧湖地數水合而東南流至聖保羅城民尼蘇塔河自西北來入又東南過衣阿華東偏西南衣阿華河自西北來又東南東有密士梭利河志略作密蘇爾[illegible][illegible]圖圖作密蘇利地志作墨砂里世界地諾作[illegible][illegible]黎出自西北落機大山上源名牛奶河東南行合黃石河郎平力圖葉羅斯屯河曲曲東南合西來數水至揚敦城南又合西來鄂勃拉剌河郎學會圖緯布拉拉水曲曲東流又南流合尼八剌士瘩河郎平方圖內布拉斯加又各批辣特圖球圖隗拉特米志佐巴紐斯水又東南曲曲東流來會大河又南偏東有自東方阿力汗尼山發源俄亥俄河平方圖作鄂孝江世界地學作窩哈

約萬國圖作麼弄葛布刺者合數大水西流來會折而西南分數支有自西方落機大山發源阿坎撒土河即阿甘色河平方圖作阿千薩斯地理問答作阿千撒世界地學作阿堪棱者合里拍不勒根牔河及坎拿答河曲曲東南流來會合而南流受自西來紅河即平方圖勒得河水又南過巴敦路治城南偏東流入墨西哥灣河口曰牛我林斯城綜計此河下游經田尼西西密蘇利阿甘色東阿刺巴馬密西息比西北魯易西安東南

克羅拉多河

志略作哥羅拉多萬國地志作克落來獨圓球圖作考老來杜墨州圖考作哥羅拉道萬國圖作釐俄科羅剌杜世界地誌作科辣多外國地理作蓋龍拉上源出羅基山米蘇利河出山東北此河出山西南曰綠河學會圖作格林河南偏東流折而西南合革羅拉多界上格蘭河水又西南合自東南來小科羅剌杜河即學會圖三專河水又西受北來水曲曲西南又南受東經阿利拡拿布刺河

卽圓球圖栖拉學會圖幾拉河水又南入於加羶福尼阿灣注太平洋墨州圖考稱入絳海河身全在米國入海處爲墨地

羶俄格蘭河

萬國圖又作勃拉窩迭耳洛特稱卽大河地志作魯啣倫特學會圖作格蘭得志略作巴拉窩世界地學作利窩地誌作廖革蘭德一作痾格蘭好國地理作故蘭墨州圖考作諾爾德地理問答作革蘭德漢文圖作格闌代奴特上源出散萬山卽石山亦卽羅基山系西南流折而南入墨界合西南來水東偏南流合北自米界落機山來丕哥土河平方圖作伯科斯卽伯開斯河水東南流轉而南西受一水東南流偏東流入墨西哥灣河口日馬探摩剌土爲墨米分界處

科羅剌杜河

學會圖作東哥羅拉多出得撒西北山中數水合而東南流經奧士廷北入墨西哥海疑卽世界地

學若倫得河。

曷林尼提河

在科羅剌杜河又東。學會圖作特林底伊。南流。入墨西哥灣河口曰葛耳委士頓城。漢文圖作告緋斯屯。二河均出土人地界。

基尼河

學會圖作基尼伯克。在緬國界上。承模色黑湖水。西南流。又東南。入北大西洋。一說即聖約翰河。誤。

千提底吉河

學會圖作康內克提庫。近史作康尼的額。全志作根內第克。由北方緬國西北山中發源。西南流。經注滿的東。經罕什尒西。又東南。橫貫麻沙朱色士國中。氣候温和。似中國江北。輸運便利。至千提底吉國入海。

活得遜河

米志作布的遜，以人名，亦作赫遜，學會圖作呼得桑，萬國圖作哈森，地志作海德聖，世界地學作和多遜，外國地理作蛤多桑，自北至南，經阿耳班尼界至經約入海，長千餘里，濶三四里，輪舟溯流而上可數百里，經約東由海路，可達歐州，西由鐵道，可達太平洋岸

巴沙益河

此河受諸水，滙爲澄潭，澄滚涵演，怡人游眺，在新這塞國界內

灑布　下蘇貴哈那河

三河在賓夕爾勒尼安界，沿河地气寒暑最爲均平

特爾拉華河

世界地誌作迭爾維亞，全志作德拉瓦，近史作的利維亞灣，外國地理作爹拉烏耶切亞，上源出賓

西尒尼安境下游海港在特拉爾華國東面國因水名非拉特爾費城建於河口為大埔頭

波多墨河

在微晉尼阿界有天生石橋及龍洞華盛頓城臨河口外國地理作波駝馬篇米志作波多麥稱為馬費二邦分界大河華盛頓舊屬二邦故也泰西新史作破秃馬稱北省人追南省人至此萬國地志作瀑布敦克云中央政府在此卽近史波波密全志稱裒多瑪克者

雅各河

泰西新史作借墨私又作節沒士亦在微晉尼阿界會城里是滿建在河上南北省爭戰處卽近史占士河

羅阿萘河

學會圖作羅阿諾克為北喀爾勒那國最長水東流入北大西洋曰亞伯馬里海口

沘底大河

圓球圖作散提。學會圖作三堤。在南喀爾勒那界。由西北虹貫東南。直赴大西洋海。海濱炎熱。有瘴氣。按其國尚有丕底厄底斯二河。不逮此河之長。非沘底也。

卸番亞河　阿結治亞河　拉達麻哈河

三河在若耳治東北境。其北界又有石洞。高數丈。小河從北流出。皆注南洋。郎大西洋彎曲處成爲巴哈馬彎者。卸番亞河圓球圖作薩發那平方圖作塞芬拿。阿結治亞飯郎學會圖之俄克馬尔治河。拉達麻哈郎亞尔達麻哈河也。

阿拉巴麻河

上源出阿力汗山者。有庫薩河。爲阿拉巴麻界內最大之川。數水合而南流。至國西南入墨西哥海灣。因以爲國名也。

大鹽湖

在合衆國西部附近有大鹽湖城值落機山又西

尼比西阿尼湖

在紐罕什爾界内土氣清和其人多壽

占勃連湖

在注滿的界内似郎全志山倍印云盛船業北距聖羅連士河西南距活得遜河

產不璉湖

在紐約國西近世史作占布連云因法富人得名以合衆國曾爲法得故

卑令海峽

志略作墨領因俄臣墨領探地至此命名地理問答作比令海腰圓球圖作拜淩亦名喀母煞甘喀

在美州極西北隅隔峽相對即亞州東北隅平方圖作伯林戛海云即柏倫噶窩外國地理稱俾連古多水族者是也

墨西哥海灣

地理問答作美希哥海說在合衆國南

輔羅力達岔

學會圖作佛魯里達在墨西哥海灣東合衆國輔羅力達東南爲墨西哥海灣東方一水口出岔即古巴島與巴哈馬羣島

北太平洋

在合衆國西

北大西洋

在合衆國東。

附士角

力士伴角

地理問答作利斯伯倫。學會圖作力斯鉢恩。郎漢文圖亞歷山德。皆北出一土。爲美屬地。西臨卑令海峽。北俯北冰洋。又東有巴羅角。郎板羅。與此角遙遙相對。北逼冰洋。亦合衆國屬地。學會圖謂之反羅角。

外耳斯王子角

地理問答稱偉勒斯王。學會圖作瓦列斯爲合衆國屬地士德嘎城極西南一土。

門多西挪角

漢文圖作曼朶西奴。學會圖作緬多色諾。以地名[illegible]在科隆比阿河下游。正値開里佛尼阿西北[illegible]

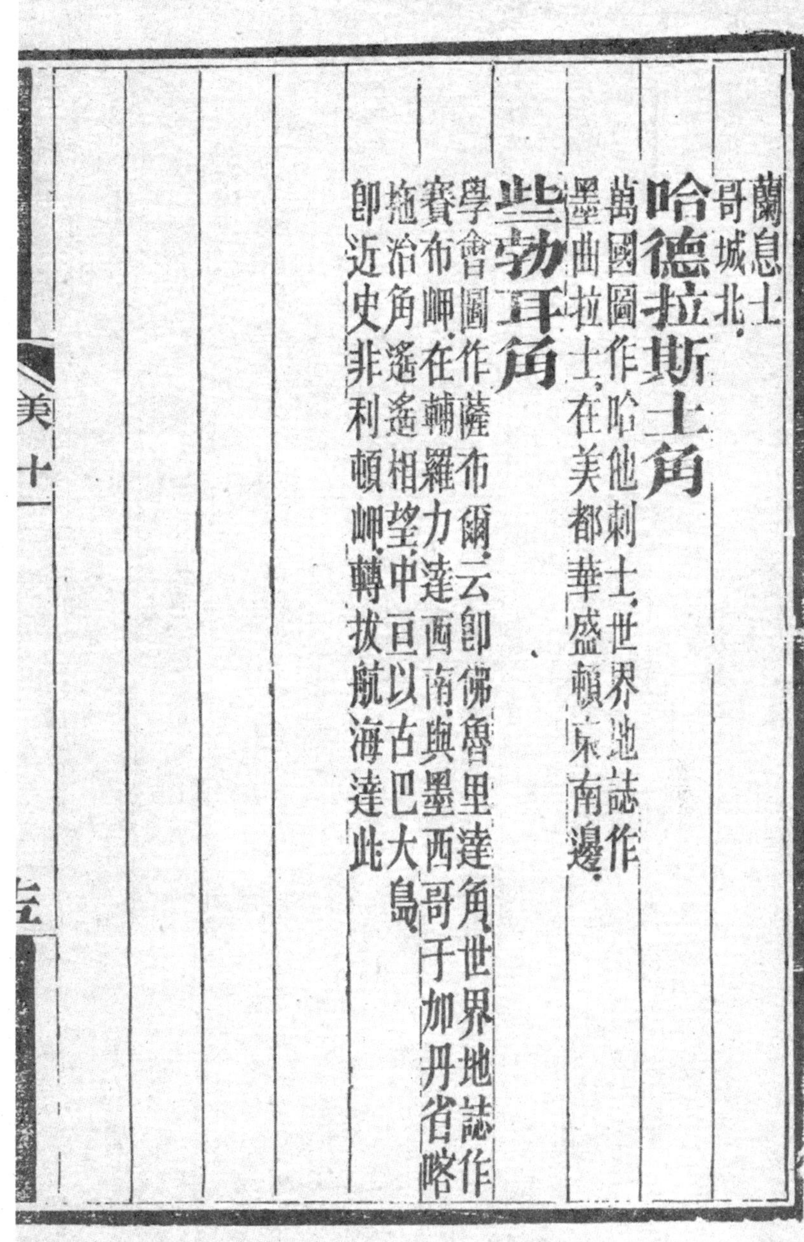
蘭息士
哥城北。

哈德拉斯士角

萬國圖作哈他剌士，世界地誌作墨曲拉士，在美都華盛頓東南邊。

些勃耳角

學會圖作薩布爾，云即佛魯里達角，世界地誌作賽布岬，在輔羅力達西南，與墨西哥于加丹省略拖治角遙遙相望，中亘以古巴大島。即近史非利頓岬，轉拔航海達此

美十一

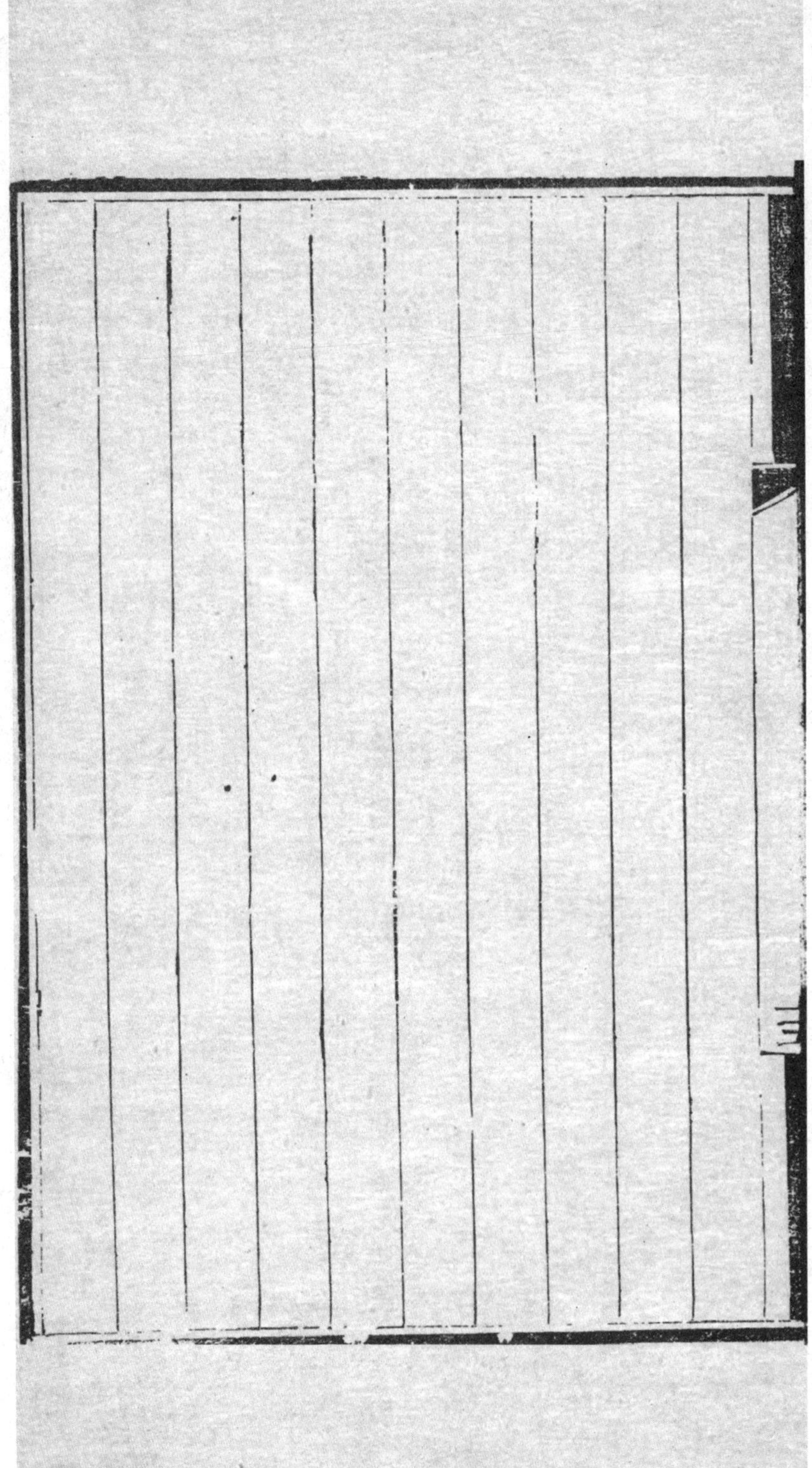

墨西哥山水海地所在

些拉瑪德雷山

世界地學作西拉馬多。一作厄力撒巴。學會圖作塞拉馬得。亦即外國地理阿利詐伯。此山在美西界。稱落機大山。在墨界稱煙山。因火峰最多故也貫墨全土如脊。自危地馬拉以南至南亞極南。皆稱安達斯大山。實則自落機山系一脈相連。長約二萬餘里。

波波嘎達德備火山

學會圖作煙山。世界地學作波波堪鐵兵。一稱波波甲的潑輦忒。地誌作呵和賓多。外國地理作波波加爹比多路。在墨都西南。近南即中美危地瑪拉界。志略所稱火峰大者凡四。煙燄常灼霄漢是也。雖震亦最烈。

[illegible]錢格蘭河

異名見前源出美國新墨西哥山麓即落磯大山東南流長三千餘里入墨西哥灣

韋羅拉多河

異名一見前發源美界落機山麓自東北向西南流長一千八百餘里入絳海河身全在米國

巴耳薩士河

在美希哥都城南學會圖作巴耳薩斯以地名二水合而西流又西偏南流入於北太平洋值阿咯布耳科省西北

散鐵亞哥河

學會圖作三地亞哥自巴拉湖出北流折而西經沙黎斯各北又西入大洋海正值墨界嘎利佛尼亞海股之尾

巴拉湖

萬國圖作察帕刺．全志作沙巴拉．學會圖作喀浦刺．在墨都西．都城即建是湖東．

墨西哥海灣

即志略加勒海．地理問答作美希哥海股以國名．値美東南文東南．即逼喀力比海．

加蠻福尼阿灣

地理問答作嘎利佛尼亞海股．漢文圖作開里佛尼亞墨州圖考作絳海．在墨西北以屬部名．

坎批治灣

學會圖作干伯徹．地理問答作干備支．日本新地球圖作干比底．漢文圖稱是地有開母丕江正當美希哥由西南掉於東南處．

猶嘎旦岔

萬國圖作于加丹．在于加丹省東．古巴島西．即墨西哥海灣南方一水口．出岔．即喀力比海．

附土角

魯喀士角

地理問答作散魯嘎斯學會圖作森盧喀斯亦作三魯喀斯漢文圖作摩帕正值嘎利佛尼亞士股南

卡拖察角

萬國圖作喀拖治學會圖作喀宅徽在于加丹省北與輔羅力達國之些勃耳角遙遙相望

中亞美利加山水海地所在

安達斯山

地理問答作安第斯。漢文圖作安的斯。萬國圖作安的士。地志作恩特斯。世界地誌作安提斯。外國地理作鶯爹士。產金。亦落機大山分脈。自些拉瑪德雷山邈邐東出。通貫中美全土。如脊。火峰甚多。危地馬拉。中高外坦。職是山之故。

西戈微阿河

學會圖作科科。在尼喀拉瓜北。閾都拉士南。東流入喀力比海。河口有格拉西阿士阿第痾士角。

滿拿瓜湖

地理問答作瑪那瓜。漢文圖作麻那夸。學會圖作馬拉告。尼喀拉瓜會城。即因是湖命名。

尼喀拉瓜湖

地理問答作呢嘎拉瓜。漢文圖作逆喀拉夸。世界地誌稱有星斜安河。即學會圖山周安河。從此湖出入海。尼喀拉瓜。即因是湖命名。在國西南。近議欲借此湖開運河。由太平洋通喀力比海。據圖二湖支津相通。如瓜蔓之繫。

閧都拉士灣

漢文圖作椗杜辣。外國地理作空嗟拉斯。在英屬比蘆斯城及中美哥馬雅瓜城中間。以國名。東逼喀力比海。

蚊子灣

漢文圖作聖白拉斯。即學會圖亞斯奔威尔。世界地學阿士賓瓦港。與巴拿馬海灣僅一綫相隔。中有維拉瓜山灣。外爲喀力比海。

喀力比海

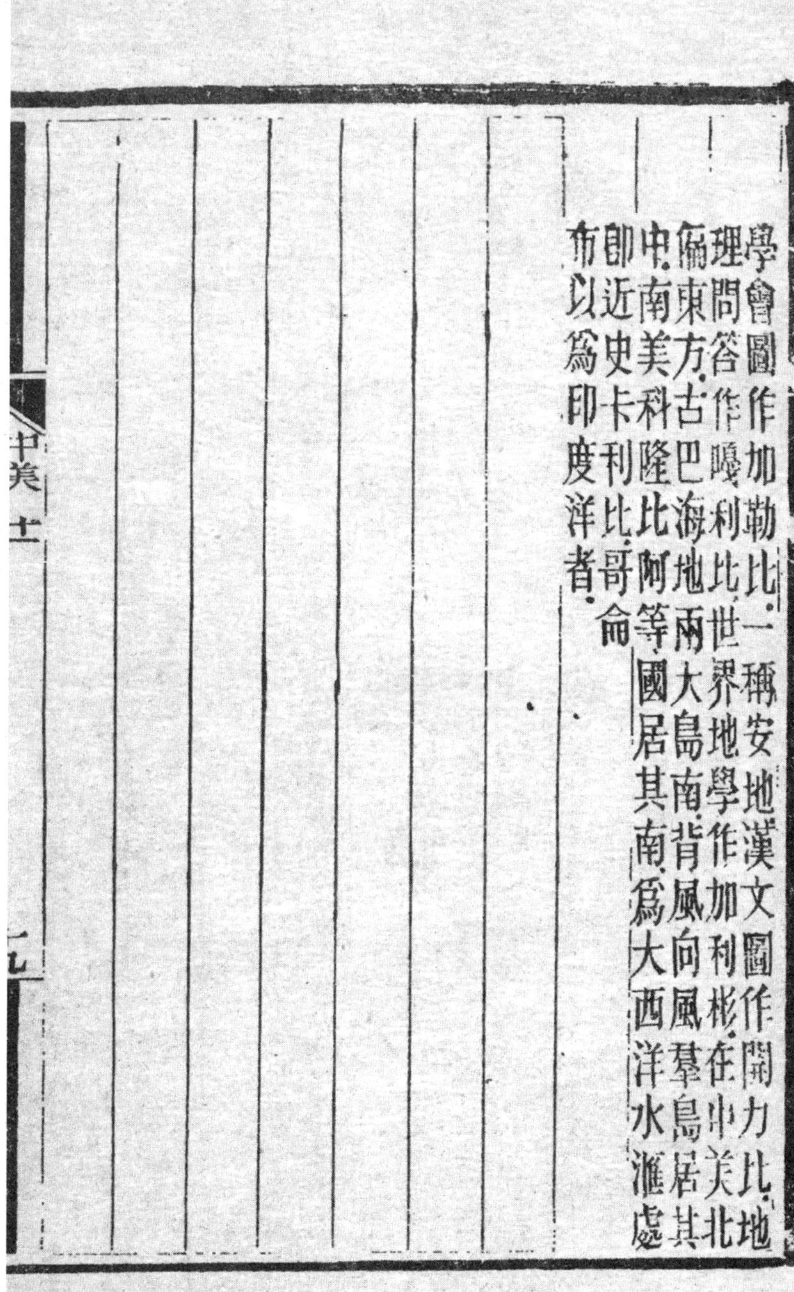

學會圖作加勒比一稱安地漢文圖作開力比地理問答作嘎利比世界地學作加利彬在中美北偏東方古巴海地兩大島南背風向風羣島居其中南美科隆比阿等國居其南為大西洋水滙處即近史卡利比哥侖布以為印度洋者

南美科隆比阿三國山水海地所在

安達斯山

異名見前遠脈自落機大山分支近脈自中美火峰迤邐而來貫南美三國全土新加拉那大京城即在山上復由委內瑞辣西北橫亘於其東北第三峰在厄瓜多國界者名曰孫卜拉索學會圖作琛波拉索產寶石厄瓜多亦在山東也

巴利末山

萬國圖作巴喀賴馬學會圖作塞拉巴利米亦作罷里馬地理問答作巴革來瑪迺環委內瑞辣南境迤邐而東至於基阿那南則爲阿嘎來山即學會圖入加拉橫列東西甚峻

東安的斯山

即學會圖哥得列拉及歆塔拉山在哥倫比亞西北斜亘馬拉該波及加拉架爲痾勒諾哥大河發

源處

波哥達河

地理問答作瑪革那達那學會圖作馬達里納圖球圖作麻格答瑪來那萬國地志作麥特里納一作瑪達勒納一作波末加達那出新加拉那西南界內安的斯山經波哥大西自南徂北折而西合西南來考喀喀江即學會圖高家河水又北入於喀力比海河口西南即卡塔黑納通商大埠

亞特拉到河

學會圖作亞特拉托亦新加拉那界上北流入喀力比海水考喀江支津與此河流域相逼疑即圓珠圖答淩江江口即答淩灣也

病勒諾哥大河

萬國圖作俄里諾可地志作啞利諾克地理問答作俄利挪哥譯言草原兩岸多金鑛漢文圖作烏

里奴固世界地學作窩利諾哥一稱窩利諾哥蘭諾士地誌作輿祿克外國地理作阿利耐盎上源在新加拉那界內東安的斯名夸斐阿力江橫帶委內瑞辣國中通貫東西全土河北多平原殊炎熱河南多山可居即巴利未也河源由此山北麓東流折而東北東西各有水來合又東北受自西來美塔河即學會圖畢塔河水又東北受自西北來數水折而東入北大西洋河口北即英屬尉林尼達島北去西印度羣島不遠流域與亞馬孫河隔山領南美北部

亞波拉河

一作哈坡剌學會圖作雜普拉云上源名哈圭大萬國圖作哈普剌漢文圖作哈坡拉地理問答作嘎革達即墨州圖考黑河出厄瓜多國西北大山合波多馬育即普土馬約河拿波即那波河馬拉嚝即馬拉甯河等川滙於亞馬孫大河入大西洋

普士米俄河

萬國圖稱又名俄列耳維納。平方圖作普土馬約漢文圖作普吐麻愛俄。郎波多馬育河也。亦出厄瓜多西北大山。東南流合他水入亞馬孫大河。見上。

瑪拉開波湖

即萬國圖馬拉開波地志墨來愷博。平方圖馬拉該波。則球圖麻拉喀愛波世界地學馬蘭開播湖

北即分額兒拉海股。居民架木橋作屋。

巴拿馬海峽

萬國圖作巴拿麻。漢文圖作帕那麻。世界地學作拔拿馬地理問答稱巴那瑪海股海股外地郎土腰。與中美蚊子灣。僅一綫相隔。爲大西洋與太平洋界畫處。近美人欲斫斷行輪。灣外太平洋與日本對岸。隔四千餘海里。峽以部名。

達連海股

漢文圖作弛里元灣，圓球圖作答淩，即巴拿馬士腰曲入處，在北岸，與巴拿馬均値新加拉那大西北，世界地學似作巴里亞灣。

分額兒拉海股

在瑪拉該波湖北，分額兒拉城西北，即委內瑞辣灣也，漢文圖亦作麻拉喀愛波灣，海股伸出處西方士角曰喀拉加士。

拐阿基耳海

萬國圖作瓜雅基爾，厄瓜多西方海，即城南海水曲入處，學會圖作瓜亞基尒灣，灣南伸出一士名伯郎角。

附士角

喀拉加士角

地理問答作嘎利那斯。學會圖作加里拉斯值南美極北隅。即馬拉該波東北突出處。自南美極南合恩角至此。共長一萬四千里。

伯郎角

圜球圖作白拉恩科。地理問答作伯郎哥。學會圖作布蘭可。即厄瓜多拐阿基耳灣伸出處。自南美極東埋羅搭。至此共廣九千五百里。

南美巴西及其西南各國山水海地所在

安達斯山

異名見前自厄瓜多界迤邐而南經秘魯玻利西多火山抵智利東名安吐科山由拉布剌塔巴塔貢尼阿西直至極南麥哲論港內火地南盡漢文圖於此處稱斯德克山正脈則落機大山也其在波利分支入東界者首峰曰少拉皚學會圖作索拉塔地球說略稱為天下第二高峰全志作沙拉太世界地學作稜拉達地理問答作若拉勒漢文圖作所拍辣當郎世界地誌廓庇勒拉直亘巴西抹拖洛洛素南方學會圖謂之塞拉多斯威丹特斯山脈其拉布剌塔西北山嶺亦是峰分支

清擺拉撮峰

學會圖作琛琛波拉索萬國地志作且姆薄來蛇郎琛波剌托世界地誌又作勒巴拉昭為厄瓜多國火山郎安達斯山湧出者全志稱真波拉稜

科巴克西峰

世界地誌作可多泊克西學會圖作波多西一作科拖珀西即哥泊抗爲玻利非亞都城西界火峰亦安達斯山湧出者

阿鏗加夸峰

壽圖地志作亞康克求世界地誌作阿空加古亞火山學會圖作阿空喀瓜在智利阿公加瓜東界即安達斯湧出最高活火峰

波泊利馬山

學會圖作波波勒馬山脈横亘巴西中土漸迤而東北達於聖羅克角拖玦廷士及巴奈巴河均源於是山也南方山脈即地理問答達巴定嘎山學會圖作塔巴廷加又南即拔拉南山與波泊利馬一脈相承

弗利俄山

地理問答作巴西山。學會圖有茶巴達山。及挨斯平哈科山等名。在巴西正南。其都城卽建是山南麓。山盡處。爲弗利俄角。漢文圖作之里俄。

多瑪山

在巴西最西南境。學會圖似作門的歆拉山。南迤至勝保羅。巴拉那等處。名馬耳山。又南袤延於烏魯圭南。名格拉尒山。已抵海濱矣。地理全志墨州圖考。稱巴西東與南岡陵紛錯者是也。

亞馬孫河

西名色雷代斯。兩岸多林原。意萬國圖作阿馬孫。一名馬蘭溶。地志作亞墨悚。稱領南美中部。地理問答作阿瑪森。漢文圖作唵麻森。世界地學作阿馬蹟。外國地理作亞馬莊。源出秘魯界上安達斯湧出大峰。曰麻拉農江。平方圖作馬拉甯。北流出山。折而東。受北自厄瓜多來二河。有一河名羅斯

大撒又東受南自秘魯界來水學會圖作花拉加
河郎漢文圖厓拉噶圖球圖瓦拉噶也至是始名
亞馬孫河又東有烏開雅利河地理問答作烏該
阿雷漢文圖稱最上源爲伍喀變阿里稱是水爲
育魯阿江者南自秘魯界上大山合阿普力抹江
受拉魯巴哥巴江數水西北流折而東北流來會
又東北受西北自厄瓜多來那玻江所合諸水東
南流江秘[illegible]界經巴西境受南自秘魯界來哈瓦
利河郎平方圖雅喀拉拿圓球圖亞發里稱東北
受西北自新加拉大來普士米俄河見上條文東
北受西南來胡太河平方圖作尤秦郎求大希圓
球圖作育臺漢文圖似作白緋江水文東合西南
來水漢文圖誤以此爲普魯斯江也稱東南受西
北自新加拉大來哈普拉河見上條東流受南來
三小水有育魯阿江乎方圖作尤魯阿始合自西
南與玻利非亞界上來蒲路士河即普魯斯江來
會此河上流尚合阿圭里學會圖稱自入河漢文
圖不載其名又東流有自西北新加拉大來尼格
羅河漢文圖作乃格羅地理問答作內革羅合北
自委尼瑞辣南界大山來螯俄勃郎哥河平方圖

作布蘭可學會圖作倭里諾科漢文圖作白拉圖科江者來會二河與上哈普剌河並支津相通河亦分數派也合而東流有自西南來馬迭拉河平方圖作馬兊辣漢文圖作麻氏拉地理問答作瑪德拉外國地理作馬爹拉者合數水來會　是河上源出秘魯界上者亦曰亞發里學會圖作亞馬魯馬幼出界東流合南自玻利界所拈辣山水稍東北有拜尼江郎烏查巴利平方圖作伯尼者自玻利界上合麻摩來江萬國圖作馬麼利及出玻利界上保列土河學會圖作報列斯圖球圖作白拉恩科平方圖作布蘭科並出巴西界上果阿坡來江萬國圖作瓜頗列平方圖作瓜坡雷數水北流來會萬國圖郎名瓜頗列河也又東北受自南來雅西江並抹喀朶江水又東北始名瑪迭拉河受南來二小水與亞馬孫大河會亞馬孫又東流一名馬蘭溶河稍東北受北來二小水又東稍南有大巴召河一作塔巴阿土全志作達巴柔斯平方圖作塔巴卓斯漢文圖作榻排昭斯萬國圖作塔巴何土者出抹掩格洛素南界若拉勒山自西南合上源阿力吸斯郎平方圖阿勒諾斯河水北

流來會。又東。江面甚濶。有中古河。萬國圖作深沽。一作孫哥。平方圖作威固。圓球圖作欣固。南自抹拖格洛素界。合東一水。曲曲北流來會。又東北中有數島。北受小水無數。南受一水。入北大西洋。是河爲天下第三巨川。外人以爲比吾華大江長數百里。口門有島橫亘。地理問答作若安內斯。當卽萬國圖馬拉說。世界地誌馬剌若。

拖坎廷士河

漢文圖作叨康廷士。卽志略多干定。地理問答作多干典斯。平方圖作阿剌怪。圓球圖作阿來蒯上源名格蘭特河。自波泊利馬山綿亘西南之處偏東北流。合數水。折而北流。滙爲格蘭特湖。平方圖謂之巴那那河。圓球圖謂之聖阿那洲。又北受西南來毛帖斯河。又北名阿拉乖河。又北。始有拖坎廷士河自果雅士山內北流偏西來會。此河與巴拉納河上源共山。山南爲巴拉納山陰爲此河卽波泊利馬之綿亘者。出山又北。合自西南來北偏東流塔楷烏拿河。又北偏東。入於北大西洋河口有城曰伯里菓。志略稱爲凡悉河。自南而北。亞於巴西亞馬孫。其說未爲定也。

巴拉河固魯丕江

二河在掩坎廷土河又東。亦北流入北大西洋。爲巴西東北方水。巴拉平方圖作帕拉。固魯丕平方圖作古林。學會圖作古魯敗。

麻蘭海俄江

因江口馬蘭陽島命名。平方圖作馬蘭哈俄。地理問答作瑪拉南。自西南向東北流入北大西洋。又在上二河東。

巴奈巴河

蔄國圖作爬剌納衣巴。卽志略馬達勒那。學會圖作巴拉那呼巴。平方圖作巴拉那以巴。漢文圖作帕拉那伊巴。源出達巴定嘎山。卽波泊利馬山脈也。東北流。合數水。折而北。經丕澳伊界。入於北大

西洋河口有爬剌納衣巴城亦巴西東北境水
河東有薩噶桑江亦東北流入北大西洋河口城
日唵來喀剔位置在
萬國圖西阿拉左近

散凡西斯哥河

萬國圖作三法蘭息士哥學會圖作森佛蘭西斯
科郎志畧桑方濟各圓球圖聖夫蘭昔斯科漢文
圖桑方西斯哥五大州志桑港經行俄利弗與達
巴定嘎二山間東北流兩岸受小水無數折東南
流入於南大西洋河口城漢文圖作康薩賓翁萬
國圖載南有阿拉喀祖郎亞列加周巴西東境水
也上源產
金剛石

別而蒙德河

圓球圖作大拜耳莽亦出弗利俄山與散凡西分
水東流入於南大西洋河口城學會圖作伯尒民
特地以河名南郎萬國圖波妥塞固羅巴
西東南境水也學會圖似作徹吉敦汗哈

巴拉乖河

即巴拉圭西名巴母巴士世界地學作拔蘭拏與入亞馬孫塔巴何士河共山即少拉他高峰也山北爲塔巴河源山南爲此水在馬的葛羅素南界自北南流受東北來數水又南受西北水又南出巴西境至巴拉乖都城阿松筍界有比爾谷馬育河平方圖作北里可馬約萬國圖作辟爾科梅俄漢文圖作辟耳科麻俄地理問答作比勒哥邁約世界地誌作卑克馬的者西北自璣利非亞界上東南流來會稍西南有威爾美有河萬國圖作瓦美荷漢文圖作緋耳邁初地理問答作斐美賀學會圖作佛彌約平方圖作佛歟若者西北自拉布剌塔界上東南流來會又南有巴拉拿界河水萬國圖作巴拉納地理問答作巴拉那漢文圖作帕拉那世界地誌作泊拉那者上源名巴拉納衣巴發源波泊利馬支山自東北向西南流受自東來格蘭特河又西南受自東來巴拉納巴剌麻郎學會圖巴拉那巴內馬河水西南流入巴拉乖界又西流來會是河與入亞馬孫拖坎延士河共山山

北爲拖坎延山南爲此河河又西南即名巴拉納也又西南有北自拉布刺塔界來散拉濟河萬國圖作薩刺多地志作克落來獨地理問答作撒拉多者東南流來會折而東南分數派合而東流有出巴拉那烏拉乖河地理問答作烏魯圭漢文圖作伍魯夸愛者西北流折而西南流入烏拉乖界受東一水南流來會東偏南流入南大西洋海口城曰崇德斐的俄地理問答於入海處稱曰拉拍拉達漢文圖稱拉嗹拉塔萬國圖稱拉布刺塔世界地學稱拉十蘭達地誌稱克辣普他萬國地志稱賴拍來拖者以此河曾經拉布刺塔界也亦稱銀河口志略統稱烏路愚愛謂其不亞阿馬孫河舉所合烏魯圭一河而括之也流域領南美南部

科羅刺杜河

平方圖作可羅拉多上源名格蘭得河出智利東安第斯山合自拉巴拉他界亞杜厄尒河薩拉圭多河數水南流折而東南入南大西洋值拉巴拉他與巴塔貢尼阿分界處

黑人河

是河分拉巴拉他爲南北萬國圖稱卽尼格羅平方圖作利俄勒格羅地理問答作內革羅在巴達貢尼阿北亦出西界安第斯上源承一湖名利買河東北流合北來水東南流入於南大西洋河口下游海水曲入處卽三馬提阿土灣學會圖謂之桑亞提亞斯

朱八河

漢文圖作楚巴特平方圖作籌布特亦出西界安第斯文貢巴達貢尼阿東北合自西南來森洽尒河又東流入於南大西洋河口曰羅桑最下一源承麻斯特比斯湖卽模斯特尒湖水曰新溝河

低賽阿士河

平方圖作低賽尒學會圖又作得西亞多亦出西界馬客山卽安的斯山系東流滙爲考察瓜湖自湖出東南流合西一水東流入海值巴塔貢尼阿東南上游伸出一土卽三尖角

克魯士河

平方圖作克魯斯。即學會圖赤科河。在三大克拉斯城北。東偏南流。有三大克魯斯河。上源承數湖水。東南流。又東北流來會。又東南。入於海。爲巴達貢尼阿最南境。

第第嘎嘎湖

漢文圖作提夕喀喀。學會圖作的的喀喀。世界地誌作基幾卡加。地學作齊齊卡卡。稱爲南美開化中權。外國地理作特特加加。在玻利非亞西北與秘魯分界處。少拉他山畔。

帕拖斯湖

萬國圖作德士爬夕夕士。地理問答作巴多斯湖。相連有米林湖。值巴西聖丕德羅部。左近介乎里約哥蘭的之間。

三馬提阿士海灣

地理問答稱散瑪第亞海股平方圖作桑馬提亞斯漢文圖作聖抹剔阿斯值巴塔貢尼阿東北是灣上游即黑人河入海口灣外下游土股伸出處萬國圖作瓦耳第士隅學會圖作桑約塞地理問答作散約色土股又下海水曲入處漢文圖謂之聖安拖尼灣朱八河即於是灣下游入海

聖佐治海灣

地理問答作散卓支文平方圖作桑若尒日漢文圖作聖卓齒爲朱八河口下游海水曲入處灣南伸出一土萬國圖謂之三尖角漢文圖作瓦齒們平方圖作白蘭可地理問答作伯郎哥又下即低賽河阿土口

附土角

聖羅格角

萬國圖作聖羅克地理問答作散羅革巴西東北界波泊利馬東出山脈直抵於此再下即帕南布

哥。

科連特士角

漢文圖作考里安臺貢地理問答作哥連德斯拉巴拉他京城。建是角上爲拉布剌塔河口西岸一障。

合恩角

漢文圖作浩恩地理問答作赫倫。世界地誌作合倫。爲南美極南一隅。即鐵耳聶離依休勾盡處。安達斯山直貫至此。東花士角名三達伊哥東與斯他典島相値。

歪阿那三江

麻羅尼江
學會圖作馬羅泥。在法屬基阿那界。出巴利末山分支之阿來嘎山。北流。入北大西洋。山見前。

考倫廷江
學會圖作科連定。在英屬界上。亦出阿來嘎山。北流。入北大西洋。

厄塞基博江
全志作哀色基波。在英屬界上。北流。入北大西洋。河口正臨卓支當。水較大。產電鰻。

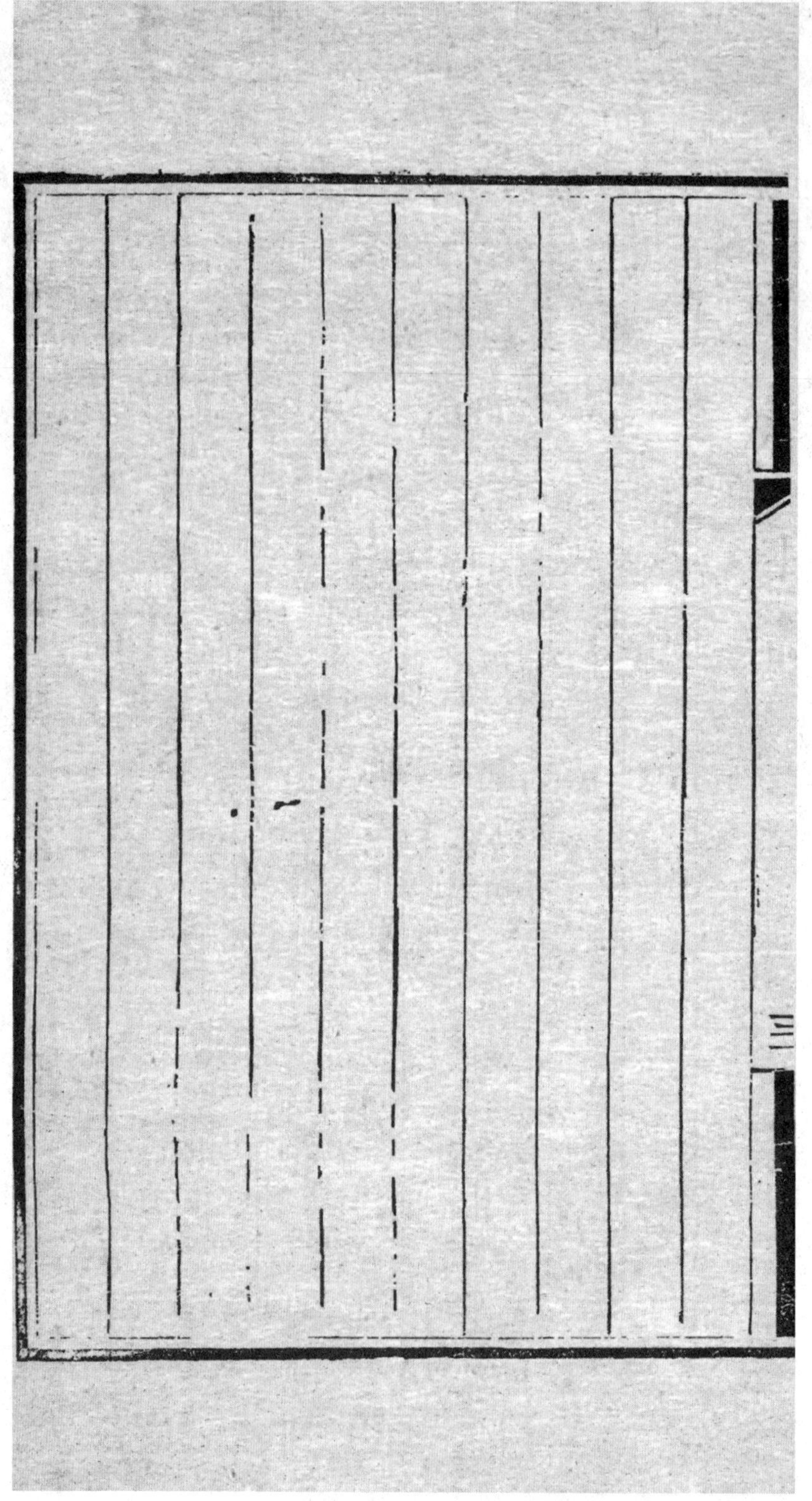
三

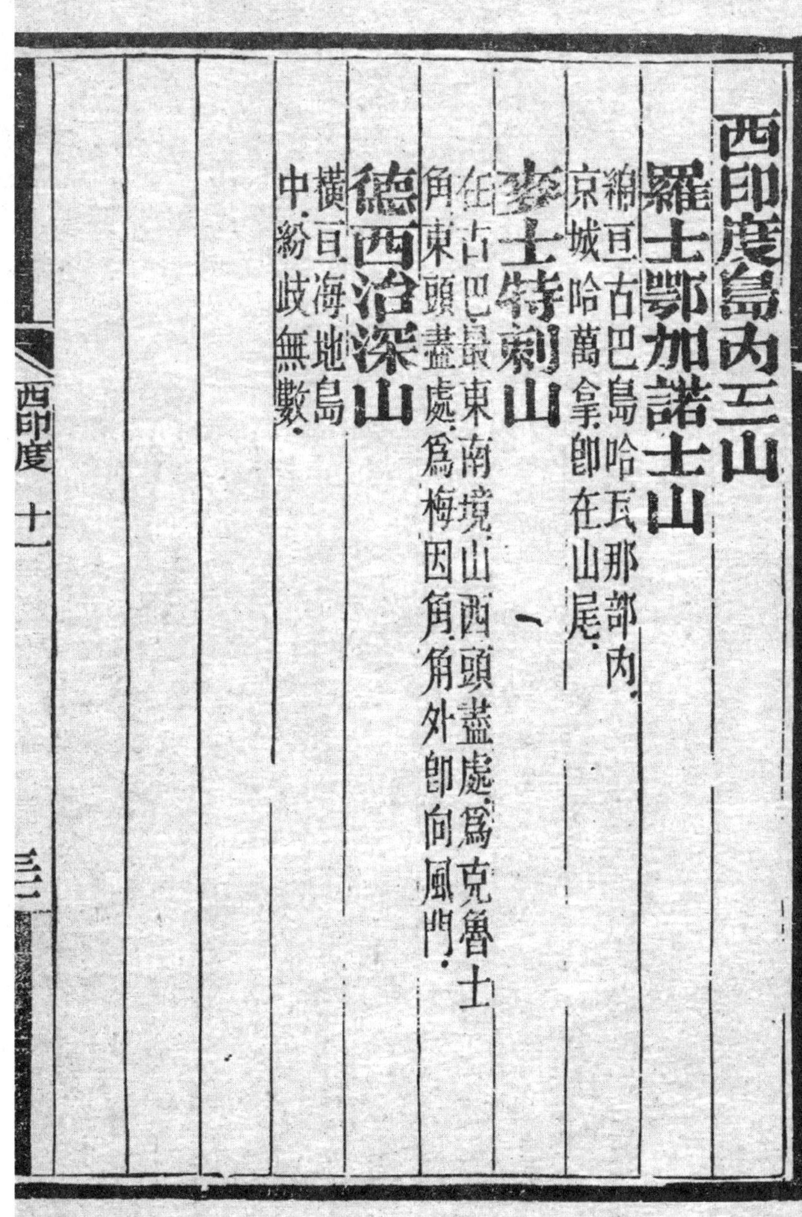

西印度島內三山

羅士鄂加諾士山
緬亘古巴島哈瓦那部內、京城哈萬拿即在山尾、

麥士特剌山
在古巴最東南境山西頭盡處、爲克魯士角東頭盡處、爲梅因角角外即向風門、

德西洽深山
横亘海地島中、紛歧無數、

西印度　十一　三

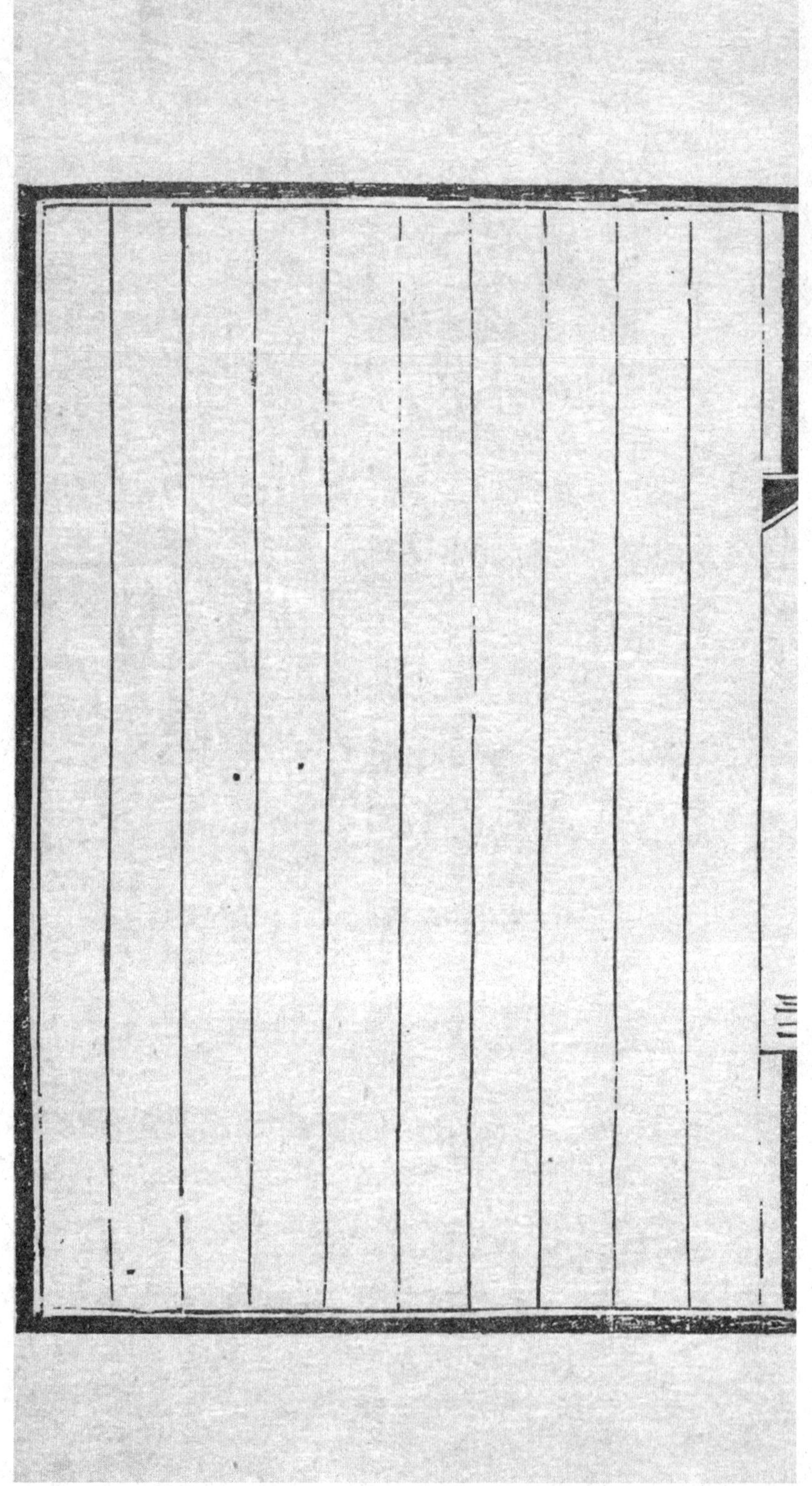

瀛寰譯音異名記卷十二

山水海地 附土角 澳州 太平洋

松滋杜宗預編

澳州山水海地所在

阿扶勒及馬利山、

學會圖作蘇徽蘭在西澳中間山西山北皆草地。

端尼耳山

在澳中央即所謂阿勒散得拉蘭也學會圖作馬克頓內尒山南偏西即阿馬都士湖。

比得曇山

亦在阿勒散得拉蘭界兼跨南澳境內東北與端尼耳山隔湖相望。

馬士格累扶山

學會圖作木斯格拉勿。在南澳北境。山東有巴戈山。巴戈山北。郎分刻河。學會圖謂之芬克。

額里士米阿山

在北澳境內。西北俯安森海灣。

瑪達累山

在坤士蘭西北界。學會圖作肯賴山。傅林達士河[illegible]源。當自此山發出。流入卡編塔利阿海灣。

婁德山

在坤士蘭東南界大令河上源南流諸水。多發於此。學會圖作顛罕山。西走郎瓦尒列戈山。以地名。

立法鋪耳山

郎全志利斐波勒。在新南威耳士極東界大令河上源西流諸水。多發於此。山脈下與布路山接。郎學會圖利佛普尒。上承新厄格蘭山者。

布路山即藍山

圜球圖作昔得尼自魯學會圖作布盧伊在新南威耳士東南界山脈下接阿耳䫌士走巴士峽上接立法鋪耳走約克角科累河發源於此當即碧山值澳東境長四千餘里產金最富與美州加利福尼埒故加利福尼爲舊金山碧山爲新金山

澳州阿耳䫌士山

世界地學稱澳州阿尒布山學會圖稱澳地利亞山華人多往採金在維多利亞南境山脈與布路山接最高峰曰可休士克自坤士蘭以下皆澳州東岸山脈

斯彫特河

萬國圖作士托特圖球圖作斯透特在西澳北界自流自止入於沙漠河南即鹹湖

德格雷河

萬國圖作德格累圖球圖作代格來在西澳西界他士曼蘭草地之南西流入印度洋北有非子格河西北流經丹皮尒地即萬國圖耽不阿蘭之北由京格灣達印度洋

什臺斯扣特江

萬國圖作㫌德士求學會圖作法特斯徹在西澳西界入印度洋流域在德格雷河西南

亞什布爾敦河

圓球圖作唵施㧊屯在什臺斯扣南西流入印度洋河口下即西北角

噶斯可引河

萬國圖作葛士可因圓球圖作軋斯考恩在西澳西界入印度洋正值亞什布爾南河口下即沙克斯灣

抹齒孫河

萬國圖作抹齒森．圓球圖作謀乞森．在西澳西界．稍南合數水入印度洋．河口下．即巴慶頓城．

維克多利亞河

圓球圖作斐克撦里唵．上源名士他令河．即學會圖斯逮尒林．在北澳界上．合而西北流．入提麽海．按當由于勃力治灣入海．通舟楫．

逆扣耳森江

萬國圖作匿科耳森．學會圖作你咔尒生．上源名格勒哥里．合數水．東北流．入喀本答里海灣．在坤士蘭北界．

佛林得斯河

圓球圖作之淩豆斯．萬國圖作傅林達士．在坤士蘭北界．合數水．北流．入喀本答里灣．即世界地學加賓達利阿灣也．所合西一水．名阿耳八河．學會圖作吉里亞特．同流入海．當出馬建累山．

淖曼江

萬國圖作諾曼學會圖作諾尒曼亦坤士蘭北界北流入嗒本答里灣水河口有諾曼當城

竭耳抔特江

萬國圖作基耳八學會圖作吉尒標特在坤士蘭北北偏西流入喀本答里海灣是水下流又名完的綿河

密敍耳江

萬國圖作密處耳學會圖作彌徹尒在坤士蘭東西北流入喀本答里灣發源在多尼斯維納境漢文圖作達温斯卑那稱其處有鐵道者

巴庫河

萬國圖作沽罷平方圖作庫班學會圖稱飢維克托利亞亦作巴尒庫圓球圖又作斐克撫里阿最

上源發源坤士蘭東北界曰托木生河合數水西南流入南澳北境滙爲挨爾湖其自東北來入於湖北者曰瓦埧敦大河上源曰的亞民得納西南流合自西來特留歐河之水同入於湖湖西來入諸水不計其數

布魯河

萬國圖作布路平方圖作披利亞出瓦尒列戈山值坤士蘭南境瓦勒哥界自流自止入於沙漠據學會圖滙爲湖亦同名

及盧河

萬國圖作帕路圓球圖作帕魯平方圖作友盧流域在布魯河東南亦值坤士蘭南流入新南威耳士界滙爲數小湖

大令河

萬國圖作達靈稱卽卡耳瓦塔又名末累圓球圖作答淩卽達爾林發源典恨山合數大水經新南威耳士界西南流折而西北又折而南入南澳之思康塔灣合流諸水見下萬國圖稱又名末累河者舉其所合之南一水而言

瓦甫郭列河

萬國圖作瓦力哥以部名圓球圖作瓦來果學會圖作厄介列郭源出坤士蘭界典憾山南流入大令河此外有羅罷河丕耳河博干河均出立法鋪耳山或西南流或西流或西北流均會於瓦甫郭列入大令河亦上源也

辣克蘭河

圓球圖作拉克闌萬國圖作拉治蘭稱卽科累河發源新南威耳士東布路山西麓西偏南流合下一水會抹力河以入大令河者

木隆畢治河

圓球圖作謀婁魯必得濟萬國圖作沽耳瓦亦出布路山西偏北流合上一水會抹力河以入大合河者

抹力河

即末累世界地學作謀列地誌作麥勒伊萬國地志作買來學會圖作抹利外國地理作末利一作謀來五大州志作磨兒列源發澳州阿耳鴕士山數水合而西北流至巴尒蘭特尒南界合上二水入大合河世界地學外國地理均以此爲正源故稱澳州大水惟末利河矣然均不通巨舟

亞馬丟斯湖

萬國圖作阿馬都士漢文圖作亞馬多斯在澳中央值阿勒散得西南

奧斯廷湖

萬國圖作奧士廷。在西澳界上偏西。

巴尒里湖

萬國圖作巴利。在西澳界上偏西。近維多利阿沙漠。又北大湖。名得里尒特。

模爾湖

圜球圖作摩耳。萬國圖作慕阿。漢文圖作模烏爾。在西澳界上偏西。値巴尒里湖西南。

奧古斯大湖

學會圖作隈尒特。萬國圖作澳嘎士塔。在西澳中央西與北。皆草地。

之羅母湖

萬國圖作付弄。學會圖作佛羅美。在南澳界上偏東。與叨樗斯湖。東隔佛林得斯山。

叨樗斯湖

萬國圖作拖連士漢文圖作士耳連斯在南澳境內西與乏羅母隔佛林得斯山

蓋得納湖

圓球圖作該耳得耨萬國圖作噶納西南傍吉勒介山在南澳境內值叨楞斯湖又西二湖稍大

多勒斯海峽

萬國圖作拖利士學會圖作托列斯世界地學作脫爾列士地誌作脫勒士平方圖作叨勒斯在北澳約克隅北與新幾內亞隔峽相對中有木曜島産珠出峽卽珊瑚海

珊瑚海

居澳東北海東有新希不力兒斯與新喀呢里亞羣島爲擁護卽地理問答哥拉勒海稱在澳州與巴布亞中間多勒斯海腰之下者亦學會圖科刺連海

提歷海

學會圖作的摩尒。一作地麥爾。在西澳北方。

亞拉夫拉海

圓球圖作阿拉敷拉。學會圖作亞拉佛拉。即阿辣瓜海。值北澳北。爲南洋諸島南與澳州北方一大海峽。

巴斯海峽

在維搶利亞南。隔峽即達斯美尼亞。見前。

南太平海

澳州東方皆是。洋人呼太平洋爲怕司費。

印度洋

澳州西南方皆是。

附土角

倫敦大利角

在西澳北方。

李如温角

值西澳西南。

約克角

值坤士蘭北

侯角

值維拖利阿東南。異名均見前本州內。

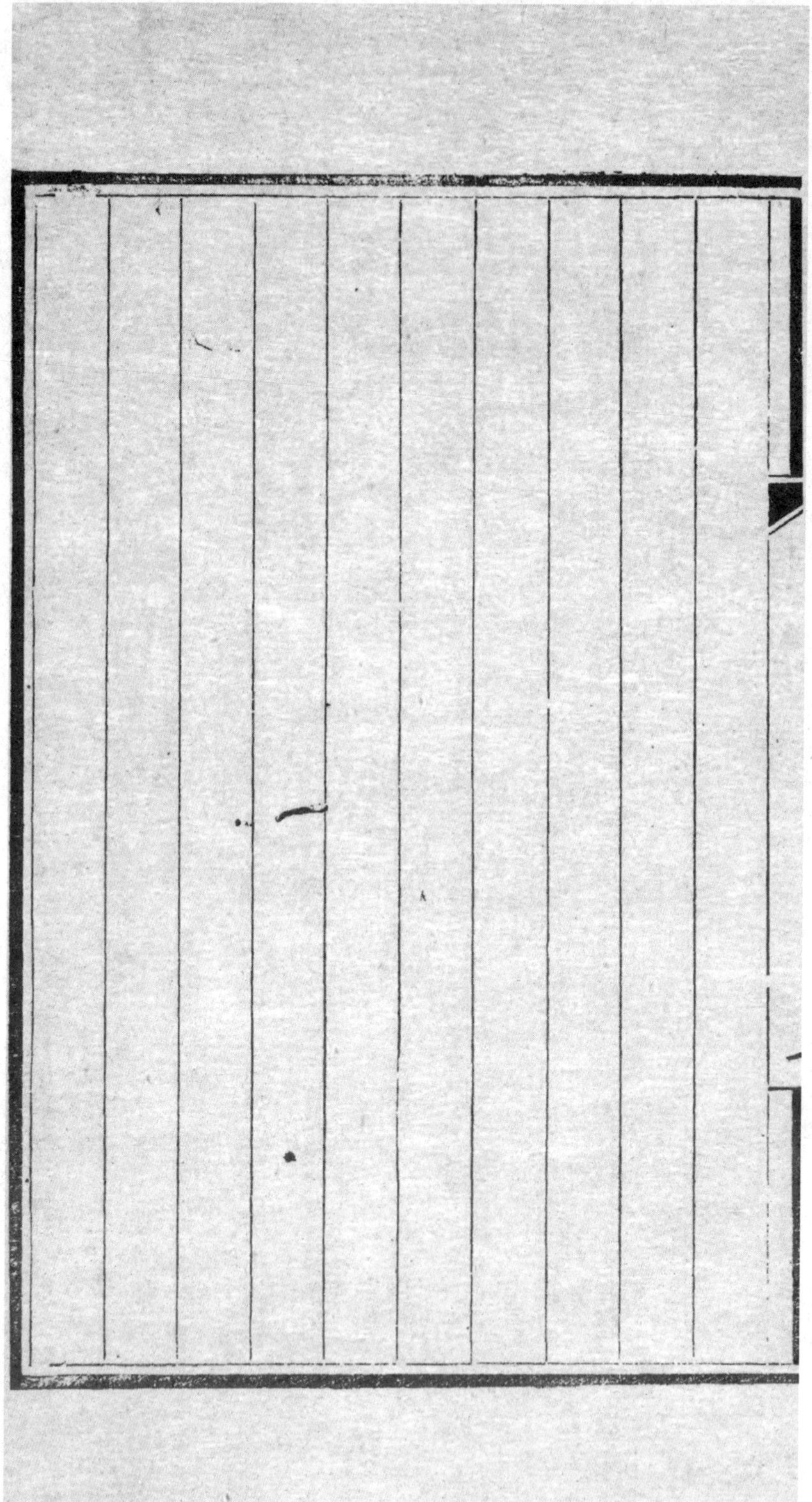

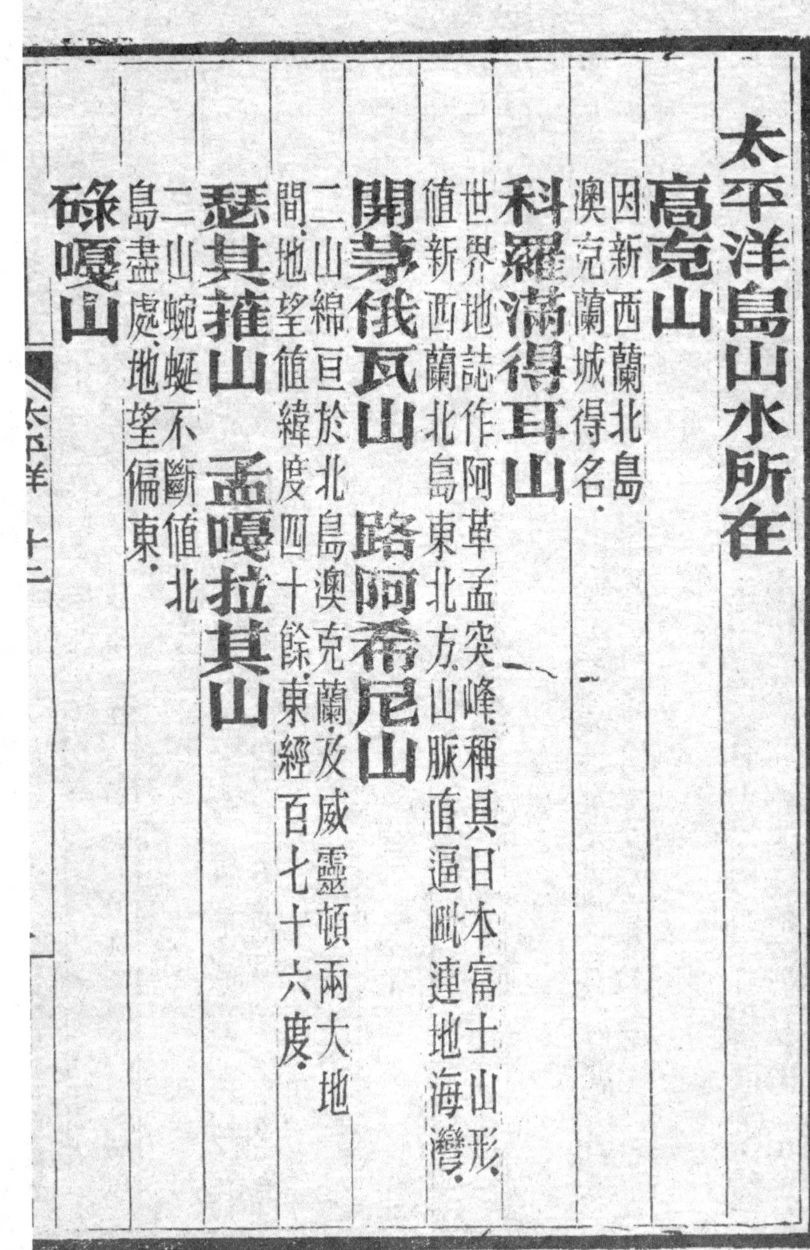

太平洋島山水所在

高克山

因新西蘭北島澳克蘭城得名。

科羅滿得耳山

世界地誌作阿革孟突峰。稱具日本富士山形。值新西蘭北島東北方。山脈直逼毗連地海灣。

開茅俄瓦山　**路阿希尼山**

二山綿亘於北島澳克蘭。及威靈頓兩大地間。地望值緯度四十餘。東經百七十六度。

瑟其搉山　**孟嘎拉其山**

二山蜿蜒不斷。值北島盡處。地望偏東。

碌嘎山

在南島尼耳森東南界內。地望偏東。俯臨南太平洋。

南阿力魄士山

世界地誌作亞爾伯斯科克峰。稱尤高大。全志作古革稱有氷川。値南島西。俯臨南太平洋。即學會圖桑得尒尼山。五大州志則稱南北島均火山脉。

卯拿克阿山

學會圖作冒納羅亞。盤踞太平洋三德槐枝島全地。即檀香山也。

韋卡度河

源出開茅俄瓦山。東北流。滙爲叨波湖。自湖出又東北折而西北。又折而西。入於南太平洋。

王斡餒河

源出澳克蘭界。與韋卡度分水。西南流折而南。經威靈頓境。曲曲西南。入於谷克海峽。河口即王斡篏城。

馬他塔河

源出開茅俄瓦山。與韋卡度河隔山分水。北流。合自西南來水。北入毗連跑海灣。流域在澳克蘭境

麼喀河

萬國圖作麼靠。亦出澳克蘭境。西流。入於南太平洋曰麼靠河口。　以上皆新西蘭北島水。

韋勞河

此河與布剌河東西分水。源出尼耳森南界。南流折而東北。經勃連欣城北。合自西南來水。又東稍南。入於谷克海峽。

阿瓦鐵阿河

流域在韋勞河東南。源出碌嘎山。東北流。經馬耳鉢羅扶界。至勃連欣城南。入於谷克海峽。

布剌河

此河與韋勞河東西分水數源合而西流入於南太平洋河口即浮耳溫角

迪倫河

流域在尼耳森極南合自北來一水曲曲東流經碌嘎山尾入於南太平洋

胡路餕河

在迪倫河又南東流入於南太平洋

苦典乃河

上源二水合而南流折而東南又東流入於南太平洋河口即克力士缺治城

拉闊阿河

二源合而東南流經坎他伯里界滙爲湖入於南太平洋 迪倫以下四河入海處均近新西蘭南

島東方、

韋荅其河

上源三水、均出坎他伯里界、直逼阿力魄土山腹合而南流、受自西北來水、折而東南、受北來一水、東流偏南、入於南太平洋、

摩里奴河

萬國圖稱、又名卡魯他、上源二水、西北自南阿力魄土山尾流出、匯爲二湖、出而南流偏西、合西來水、又南有一河合三小水自西北來會、折而東南、又折而南、入於南太平洋、河口即摩里奴城、此河上游半經鄂迭戈界、與上韋塔其河入海處、均值南島東偏南方、

馬叻剌河

上源出鄂迭戈界、二水合而南流、折而東南、又南流、經因法卡之耳城南、入於佛佛海峽、

鄂列地河

流域在馬叨剌河西，出鄂迭戈界，南流，折而東流，又南流，經藪扶蘭南，入於佛佛海峽。

韋澳河

在鄂列地河又西，上源自鄂迭戈界，西南流，折而南，受西來水，又南，經藪扶蘭西境，入於佛佛海峽。

此河上源，西有數湖相連，馬叨剌以下三河入海處，均值新西蘭南島正南方。

附全四册目録